法学理论经纬与实践前沿探索

任　薇◎著

中国商业出版社

图书在版编目（CIP）数据

法学理论经纬与实践前沿探索 / 任薇著. -- 北京：中国商业出版社, 2022.9
ISBN 978-7-5208-2176-6

Ⅰ. ①法… Ⅱ. ①任… Ⅲ. ①法的理论－研究 Ⅳ. ①D90

中国版本图书馆CIP数据核字(2022)第153432号

责任编辑：袁 娜

中国商业出版社出版发行
（www.zgsycb.com 100053 北京广安门内报国寺1号）
总编室：010-63180647 编辑室：010-83128926
发行部：010-83120835/8286
新华书店经销
天津和萱印刷有限公司印刷

*

787毫米×1092毫米 16开 9.25 印张 160千字
2023年5月第1版 2023年5月第1次印刷
定价：58.00 元

****

（如有印装质量问题可更换）

前 言

法律教义或规范法学对法治中国建设的支持是必不可少的。构建“法治中国”所需的法律话语权是今后法学非常关键的任务，从本质上看，法治思维就是按照法律进行思考，要以合法性作为构建现代法治思维方式的中心，以形式逻辑思维规则作为形成法治思维方式的基础，逐渐改变意识形态中过度的政治、社会和道德修辞，最终在保卫法律意义的安全性的前提条件下实现法治。

法学是社会科学，同自然科学、哲学、伦理学、政治学等相比，它是较晚兴起的年轻学科。其他社会科学的整体运动和发展会受到自然科学的冲击，法学相对于其他社会科学而言会受到自然科学和其他社会科学的双重影响。据此不难发现，产生和发展过程中的法学始终处于被动地位，具有机械的适应性。就法学的历史发展而言，该学科的研究方法与发展几乎同步，因此，法学的发达与否和方法是密切相关的，普通的科学方法论和其他学科的专有方法论都会为法学所吸收，或通过筛选、加工和改造形成带有法学意义的方法论。

针对此，本书展开了对法学理论的研究。本书共分为六章。第一、第二章是对法学的一些基本原理以及法学中所包含的正义与感性精神进行分析。这是对法学理论从宏观层面上的一种把握。第三、第四章是对法学理论的横向构成与纵向发展的分析，充分分析法学理论的构成部分及其发展。第五、第六章是对法学实践问题的探索，针对法学在实践过程中的法律援助问题以及全球化背景下劳动法的法学实践进行探索。

本书紧跟时代潮流，对当前法治社会背景下的法学理论问题进行了全面的研究，并结合全球化发展背景，对法学理论在实践过程中的一些问题也进行了探索。本书理论与实践相结合，横向与纵向相结合，内容全面，结构合理。

本书在写作过程中参阅了诸多相关的理论著作，对此向其著作者表示由衷的感谢，同时鉴于篇幅问题，书中的部分论述也存在不够深入的问题，对此，也希望各位读者谅解。

目 录

| 第一章 |

法学基本原理阐释

在我国，“法”一般被界定为：是由国家制定或认可，以规范人们的权利义务为调整机制，并以国家强制力保证实施的规范体系。法学，是以法现象为研究对象的科学体系。本章主要围绕法学的一些基本原理展开分析，主要包括法学中的基本概念、法律的功能与价值、法律的规则与原则、法律与其他社会要素的关系等内容。

第一节　法学中的基本概念

一、法学的界定

法学，是以法现象为研究对象的科学体系。作为法学研究对象的法现象是全面的、整体的。它的全面性、整体性表现在以下几个方面。

（1）法学的研究对象在空间上包括国内法、国际法的问题。

（2）法学的研究对象在时间上指法的历史情况与法的现实状态。

（3）法学的研究对象在形态上不仅包括静态的法现象，即法律规则、狭义的法律制度及法律设施（法庭、监狱等）；还包括动态的法现象，即立法、执法、司法、守法、法律监督。

（4）法学的研究对象既有法的外部（形式）的规律及其特征（如法治国家中的法的公开性、运作的程序性、法体系的内在和谐一致性等）；也有法的内在精神的体现。

（5）法学的研究对象还包括法与自然现象和其他社会现象的关系。

（6）法学作为相对独立的学科，包含法学的历史及其发展、法学的分类与体系、法学与其他学科的关系、比较法学等。

一开始，法学是属于哲学、伦理学、政治学及神学的。在资产阶级夺取政权之后，由于资本主义商品经济的繁荣，立法获得广泛的发展并且日益复杂化，出现了部门法的划分，因而法学也跟着形成了多种学科。

以法律部门为标准，可将法学划分为宪法学、行政法学、民商法学、刑法学、诉讼法学等部门法学。不过，法律部门是发展变化的，因而部门法也会发生变化。如神法学在许多国家已经消失了，而经济法学、环境法学则是近年来的产物。在宏观方面，则可以把法学划分为国内法学和国际法学。

以研究对象的抽象或具体为标准，可将法学划分为理论法学和应用法学。理论法学研究法的一般原理，包括法哲学、法理学、比较法学和法史学；应用法学是研究法的运行方面的问题，包括立法学或法政策学和法适用学或法解释学。

理论法学既是应用法学的指导，又是从应用法学中抽象出来的。

此外，法学中还有一些边缘性学科，即法学与其他学科相结合而形成的新学科。其中，有的理论性较强，如法哲学、法史学、法政策学、法社会学、法经济学等，通常可以归入理论法学；有的技术性较强，如法医学、刑事侦查学及物证技术学、司法会计学、司法统计学、法律逻辑学等，通常可以归入应用法学。当然，这些边缘性的学科究竟归于理论法学还是应用法学，并不是绝对的，如法社会学本身还分为理论法社会学和应用法社会学。

二、权利和义务

（一）权利和义务的概念

权利，指法律关系的主体能够自主地做一定行为（作为）或者不做一定行为（不作为），能够要求义务主体做或不做一定的行为，以便获得利益的手段。

义务，指法律关系的主体，被动地做或不做一定的行为，以保障实现权利主体的利益。

（二）权利和义务在法律中的地位

（1）权利义务是法律各环节的核心要素。它是法律规则中“处理”要素即要求人们做或不做一定行为的目的，是法律关系的内容，是法律责任的根据。

（2）各部门法都贯穿对权利义务的规定。

（3）法律的实施，包括执法、司法、守法、法律监督，都直接同权利义务密切相关。

（4）权利义务全面地表现和实现法律的价值。法律价值，归根结底都是按照国家意志分配社会利益的体现。而这一点正是通过法律权利义务的分配来表现和实现的。

只是在不同历史类型的社会中，权利与义务分配的特点，是有所不同的，社会主义社会也应以权利为本位。但必须同义务相对应，把个人利益与他人或社会利益真正协调起来（这在学术界有不同的看法）。

（三）权利和义务的关系

1. 结构上的相关关系

权利和义务关系是社会关系的核心要素，其中被法律规定或认可的，称为法律权利和法律义务。权利和义务相互依存，不可分割；二者又相互独立，两者的界限不可混淆；在一定条件下，互为对应，权利意味着执政与实现，义务意味着付出与负担，只有在法律确立的范围内，才能强调行使二者对应的权利。

2. 数量上的等值关系

数量上的等值关系也可以称为外延的重合关系。其表现是：①社会的权利总量与义务总量相等；②具体法律关系中，权利与义务直接或间接地相对应。

3. 功能上的互补关系

这种互补体现如下。

（1）权利直接体现法律价值的目标，义务则是目标实现的保障。

（2）权利提供不确定的指引，即权利人可以选择对权利的享受或不享受；而义务提供确定性的指引，义务人不能选择履行或不履行义务，而是必须履行。

（3）权利的指引体现利益的自主或激励机制，而义务的指引体现强制或约束机制。

4. 价值意义上的主次关系

前资本主义法律价值取向是义务本位，而现代法律则是权利本位。

权利本位的含义是：①在法律上人是平等的权利主体，不承认法外特权；②权利为目的，义务为手段，二者是主从关系；③凡法律不禁止，公民就有权利去做或不做；④主体行使权利只受法律规定的限制，而这种限制的目的在于维护他人的应有权利。

三、法律行为

某种行为若是法律所调整的并且能够引起一定法律后果的行为，就是法律行为。

法律行为主要包含以下特征。

（1）社会性。法律行为一定是涉及他人利益的行为，是在一定社会关系中的行为。孤立的个人行为不是社会行为，因而不具有法律意义。

（2）法律性。法律行为一定是法律规定的，并具有法律效果的行为。

（3）可控性。法律行为是由意志支配，通过特定的动机、目的实行的行为。因而，它能够受到法律的规制。

（4）价值性。法律行为是主体在一定价值观的指引下，为了一定的利益，而作用于客体或对象的行为，因而它可以被社会所评价。

四、法律关系

（一）法律关系的概念

法律关系，指法律规范在指引人们的行为和调整社会关系中形成的权利与义务关系，是社会关系的法律化。其内涵如下。

（1）法律关系是以相应的法律规范为前提。

（2）法律关系是一种特殊的社会关系。它具有相互性、能力对称性（互相都有能力作出一定的行为）、可逆性。

（3）法律关系是法律上的权利义务关系。

（4）法律关系是取决于法律形式的社会关系。

（5）法律关系是一种以国家强制力为保障的社会关系。

（6）法律关系在性质上属于思想意志关系即上层建筑关系。其思想意志表现在：法律规范本身是立法者意志的体现，而具体的法律又是有关主体意志的体现。

（二）法律关系的要素

法律关系分为三个要素，即主体、客体和内容。

法律关系的主体必须具备权利能力，权利或义务能力又统称为作为能力。权利能力分为一般权利能力和特殊权利能力。一般权利能力，指主体从出生（成立）到死亡（解散）期间都享有的权利能力。特殊权利能力，指主体在特定条件下才具有的权利能力，如选举权等。

法律关系的客体，指主体的权利义务指向的对象。主要包括如下种类。①国家权利，它属于全体人民所享有；②人身、人格，主要保障其不受侵犯；③行为，即作为与不作为；④法人；⑤物，主要是指法律关系主体支配的、在生产上和生活上所需要的客观实体；⑥精神产品，包括知识产权的对象物、名誉权的对象物（名誉、奖金等）；⑦信息（情报）。法律关系的客体都具有利益的属性。

法律关系的内容即权利与义务。

（三）法律关系的运行

法律关系是不断运行的。所谓法律事实，指能够引起法律关系产生、变更、消灭的法律事实，其包括两种：法律事件和法律行为。

（1）法律事件，指不以主体意志为转移的法律事实，包括社会事件和自然事件。前者与人的行为相关，如革命、改革等；后者与人的行为无关，如天灾、人的出生与死亡、时间的推移等。

（2）法律行为，指由人的意志所导致的行为，包括国家行为（立法、行政、司法等）和当事人行为。行为包括一定的作为和不作为。

五、法律责任

（一）法律责任的概念

通常，法律责任有两种含义：①广义上，是作为义务的同义语；②狭义上或多数情况下，指由于实施违法行为而招致的承担不利后果的义务。这里讲的是后一种意义上的法律责任。

法律责任的定义应是：由特定的法律事实所引起的对损害予以赔偿、补偿或接受惩罚的法律义务。

“特定法律事实”主要指违法、违约的法律事实。而在无过错的责任中，法律也有专门的规定。

（二）归责与免责

1. 法律责任的认定与归结的原则

（1）因果关系原则。责任形成的因果链是：动机或目的→行为→结果。其中最直接的是行为与结果的因果关系，但需要确定二者内在的、直接的、主要的联系范围。此外，还要认定因与果之间先后顺序和偶然性构成的“干涉变量”。

（2）自由与必然统一原则。在这方面，以假定法律体现的必然性（规则）和主体是自由人为前提。首先，人能够认识必然性就是自由的，因而人要对自己的行为负责。其次，人的自由是必然（法律范围内）的自由，因此人要受法律的制约，对法律承担责任。最后，必然是在多种客观环境中起作用的，但这些复杂的环境并不是主体都能认识到的，从而不能简单地客观归罪（责）。

（3）责任法定原则。要坚持“法无明文不为罪”，一般不溯及既往，以及反对非法处罚等精神。

（4）公正原则。这方面包括有责必究、无责不罚，违法行为与责任相适应或责任与处罚相适应，责任自负等精神。

2. 法律责任的减轻与免除

免责，指主体的法律责任已经存在，并具备承担责任的条件，但由于法律规定的多种原因，可以被部分或全部地免除法律责任。由此可知，免责不同于无责任或简单地不负责任，更不能说明主体行为的合法性。

免责的条件或方式有：①时效免责；②不诉免责；③自首、立功免责；④补救免责；⑤私法中的协议免责（和解）；⑥人道主义免责。

第二节　法律功能与法律价值

一、法律功能

（一）法律功能的特点

法律功能，指法律本身具有的，对社会有益的功用和效能。

法律功能的特点如下。

（1）具有内在性。法律功能是法律的内在属性。法律一旦产生，其功能的大小就成为确定的，至于它在外部（社会中）发挥了多少则是另一回事。

（2）具有应然性。法律提供的仅是应当这样或要求做到这样的行为模式，与实际做得怎样不同。

（3）具有对社会的有益性。合理的法律是由社会性质与要求所决定的，并为社会服务。

（二）法律功能的表现

法律的作用来源于法律功能，因此一般来说二者是一致的。法律功能的表现，大致可归纳为以下几个方面。

1. 法律指引

法律指引是法律的首要作用。它通过授权、禁止和义务三类规范来实现。法律的指引是一般指引，为实施规范的非规范性法律文件（判决、合同等）的指引是个别指引。

2. 法律评价

法律评价是针对行为的，而不针对人和思想，因为法律所干预的仅仅是人的行为。评价的尺度是：①合法与不合法，这是对公职的权力和行为的来源与根据所作的评价；②违法与不违法，是对公民行为的评价。但一般的理解，不违法就是合法，违法就是不合法。法律评价不能与道德、纪律的评价混同。

3. 法律预测

法律预测，指以法律评价为根据，事先预测行为的结果。法律的可预测性是现代法律理性的重要内容，是现代市场经济和民主政治的要求。

法律的基本意义在于，在干预人们的行为之前就知道应该做什么或不做什么、应该怎样做或不能怎样做，以及其将导致的后果。这对于立法、执法、司法、法律监督和法律服务来说，都是极其重要的。

4. 法律强制

法律强制即借助国家的强制约束力或者强制实施来保障和兑现多种主体的权利与义务。

5. 教育

法律的规定、法律的奖励和处罚，均能够发挥法律的教育功能。在法律的指引、评价、预测诸功能中，也都包含着对社会的教育意义。

（三）正确认识法律功能

为了充分发挥法律的功能，就必须科学地认识和对待法律功能问题。

要反对法律万能论。法律万能论是资产阶级法律观的一种典型表现。因为既得利益者把来自资本主义商品货币经济关系中的自由、平等、权利绝对化，所以必然会把体现这些原则的法律绝对化。任何现实事物都存在其时空中的局限性，没有什么绝对性，法律也不例外。

法律作用也有局限性，主要表现在以下几个方面。

（1）法律只是阶级社会中的特定现象。

（2）法律不能代替其他社会规范的意义。

（3）法律不能囊括复杂的社会中的一切事物。

（4）社会生活是急速发展的，而法律则是相对稳定的，所以它落后于社会生活是常见的事实。

（5）立法者的智慧是有限的。

二、法律价值

法律价值，指人与法之间的对立统一关系，人通过实践使法的属性满足人的需要。

（一）法律价值的属性

（1）法律价值的客观性与主观性的统一。这种客观性表现在：①人的需要受到自然与社会存在和发展状况的制约；②法律作为人的对象物是客观的，法律有其自身的属性和规律性；③实践是客观的；④法律能否满足人的需要的结果是客观的。

与此同时，法律价值也有其主观性的一面：①法律本身是立法者意志的产物；②主体需要的满足过程，具有一定的主观性。③主体的法律价值评价是主观的。

法律价值的客观性与主观性的统一，就是通常所说的“法律的性质”。

（2）法律价值的层次性。法律价值可以从多方面去理解，主要有正义、自由、效益、秩序。但由于它们不是同等重要的，因而存在层次关系。

（3）法律价值的潜在性。它潜在于法律文本、社会和实现的过程之中，只有经过实践才能变成现实。

（4）法律价值的伦理性。价值是属于善恶是非的问题，所以它首先属于伦理（道德）的范畴，因此法律价值也不能同伦理（道德）相分离。法律价值的伦理性，明显地表现为主体对法律的价值评价方面。

（5）法律价值的共同性。它表现在：①法有时代的共同性；②对主体（人）的共同性。

（6）法律价值的阶级性与社会性的统一。

（二）法律价值的基本分类

（1）理想性价值或目的性价值。我国一直把“法治国家”作为全面依法治国的总目标。这些都是法律的理想价值或目的价值的体现。

（2）工具性价值或中介性价值。它就是把法律当作达到一定的政治、经济、文化等目的的工具或中介。其中包括把法律当作确认、分配、衡量、保护一定利益关系的手段。它是最普遍、最常见的一种法律价值。

价值永远是主客双方关系的范畴，任何事物本身均没有价值。当产品生产者自己使用产品时，这种产品只有使用价值及对主体的有用性；只有当把产品拿到市场交换，和别的商品进行社会劳动量上的比较时，它才有价值（交换价值）。

第三节　法律规则与法律原则

一、法律规则

（一）法律规则的概念

在法的基本构成要素中，法律规则是法律体系中最基本的要素，相当于生物学中的细胞。

法律规则是关于人行为的规定，是赋予某种事实状态确定的法律效力，在具备某种条件的情况下，会在特定的法律关系主体之间引起某种权利与义务的产生、变化或消灭。现实生活中每天发生的事件、每个人所采取的行为，在不同领域的专业人士看来，所引起的反应是各不相同的。婴儿的出生，在父母看来是子女的自然降生，一种亲情关系由此建立起来。医生则是完成了自己的职责所要求的行为。在法学家看来，婴儿降生根据相关的法律规则产生了一系列法律关系：婴儿与父母形成的亲属关系以及由此产生的抚养关系和监护关系，婴儿出生获得的人身关系以及基于继承权而获得的财产权，等等。法律规则就是对各种事件和行为而引起的法律后果的明确界定。

法律规则的内容具有抽象性的特点，换言之，法律规则针对的是某种事实状态下所引起的法律后果的抽象规定，而不是针对具体人和具体事件作出的规定。法律规则的抽象性决定了法律规则可以反复适用，而不是只能使用一次的具体性法律文件。国家机关针对具体人作出的具体法律适用的决定，是法律规则适用的结果。

（二）法律规则的逻辑结构

法律规则区别于习惯规则、道德规则的一个主要特征，就是它具有严密的逻辑结构。在法律规则的逻辑结构中，完整地规定了法律规则是由哪些部分组成，以及它们如何组合在一起共同对所需要界定的事实状态进行全面的认定。法律规则的组成分为假定、处理和结果三个部分。

假定部分是法律规则中关于该规则适用条件的规定。任何法律规则都有一定的适用范围，这个范围就是法律规则的适用条件。超越了这个适用范围的情况，就不是该法律规则所能解决的，而需要通过其他的手段来处理。例如，“夫妻有相互继承遗产的权利”，该规则中假定部分就是夫妻一方去世并且留有合法的遗产，双方之间存在着具有法律效力的婚姻关系。假定部分使得法律规则的适用条件清晰而明确，它规定了承担义务和享受权利的时间条件、地点条件、身份条件和事实条件。

处理部分是法律规则中行为模式部分的规定，是法律规则中规定的人们可以做什么、禁止做什么以及必须做什么，也就是通常所说的法律规则中在当事人之间所分配的权利与义务。在法律规则中，处理部分经常表述为“有权”“有……自由”“应当”“禁止”“必须”等。

后果部分是法律规则对于人们遵守或违反规则中行为模式中的规定而导致的后果。后果部分包括肯定和否定两种后果，这主要是视行为人是遵守还是违反法律规则而区分的。肯定性法律后果是对于行为人有利的法律后果，也就是对行为产生的利益确认其合法性而予以保护。否定性法律后果就是对行为所产生的利益和状态予以否定，对行为人施加法律上的制裁。

二、法律原则

法律原则是众多法律规则建立基础的原理。从一定意义上说，法律原则也是一项法律规则，但是该法律规则的内容不是规定具体的事实状态下权利与义务的分配状况，而是通过抽象的原理陈述，指引具体法律规则在分配权利和义务时的方向。可以说，法律原则是对某一领域法律关系中权利与义务分配的一种基本方针。

在现代法律制度中，法律原则占据着重要的地位，其意义主要体现在以下几个方面。

首先，法律原则决定着法律制度的性质和价值导向。法律原则是一定社会中法律精神的集中体现，因而也是各种法律制度创制的出发点。法律原则所包含的价值理念反映着该项法律制度所在时期的社会制度的基本性质。在人类社会历史上，每次重大的社会变革完成以后的立法活动，都会将革命过程中提出的口号作为法律制度设计的基本原则，从而重新规划法律制度的具体内容。例如，在资产阶级革命成功以后，就将私有财产神圣不可侵犯、契约自由作为民法典立法的基本原则规定下来，其针对的就是封建专制统治下对商品经济发展的限制和干涉。私有财产保护原则和契约自由原则反映的就是资产阶级发展自由资本主义精神的需要。通过确立资本主义性质的法律原则，资产阶级为资本主义制度的建立奠定了基础。

其次，法律原则确保了法律制度的逻辑一致性。在每项法律制度中都包含着众多的法律规则，这些法律规则所涉及的对象纷繁复杂。如何确保法律规则的性质和内容具有逻辑一致性，避免法律规则之间的矛盾冲突影响法律制度的权威性，是立法者重点关注的问题。通过法律原则的引导，各项具体的法律规则都可以在一个共同的基本原理基础上进行协调，从而保障法律制度的统一性。以现代婚姻法为例，婚姻制度建立的基本原则是以男女双方的自愿同意为原则。在此原则基础上，婚姻存续期间夫妻双方的权利与义务以及离婚都是建立在男女双方合意的基础上，具体的法律规则在确定夫妻双方的权利与义务时，都必须基于该项原则而不允许一方当事人将自己的意志强加给另一方。婚姻法律制度的具体环节都必须体现合意的原则，在此原则指引下，现代婚姻从封建时代的婚姻发展到现代契约婚姻，婚姻法律制度的内容实现了高度统一。

再次，法律原则对于法律制度的发展具有导向性作用。法律制度产生以后，必须适应时代的发展而进行改革。法律制度的变革需要在法律原则的指导下进行修订。我国在市场经济建立过程中确立的财产保护原则和交易的契约自由原则都是与计划经济下国家调控经济的计划原则不一致的。市场经济法律制度是社会主义法律制度发展的一次重要的变革。在这场变革过程中，从宪法到民法、刑法和行政法领域，关于国家机关活动和私人经营活动的法律规定都要在市场经济条件下进行大幅度的修订。国家对经济活动的干涉大大减少，而且国家管理经济活动的方式和手段也从直接分配社会资源变为对经济活动的宏观调控和对市场秩序的法律保护。私人的经营活动从原来只是公有制经济的有限补充变成了市场经济的主要组成部分，私营经济的财产保护以及经营活动地位的确认，都是市场经济前提下社会主义法律制度建设的主要内容。一个社会从计划走向市场、人治走向法治、传统走向现代，都需要在现代法律原则的引导下完成制度建设。

最后，法律原则对于司法审判具有重要的指引性作用。司法审判活动是一个将法律规则创造性地适用于具体案件的过程。在法律适用过程中，需要对法律规则适用的一些特殊情况加以解释，从而使法律规则的适用更符合公平原则的需要。

在法律规定存在遗漏的情况下，司法审判活动需要法官适时运用自由裁量权，在法律原则确定的法律精神基础上，对案件作出合理和公平的裁决。在法律存在遗漏的情况下，法律原则是弥补法律漏洞的不可或缺的手段。同时，法律原则也是对法官自由裁量权适用的有效约束手段。法官自由裁量权在法律原则的约束下，可以有效地限制法官个人任意性的专断，而确保自由裁量权的适用是为了满足法律原则中包含价值理念的实现。

第四节　法律与其他社会要素的关系

一、法律与经济

（一）法律与经济的关系

1. 经济基础对法律的决定作用

归根结底，法律的性质和内容都是由经济基础决定的。这就是历史唯物主义的决定论。

生产关系是生产资料所有制关系、人们生产过程中的关系和产品分配关系的总和，是构成社会的经济基础；而国家、法律等则是它的上层建筑。经济基础与上层建筑是内容与形式的关系。

2. 法律对经济基础具有反作用

（1）法律对社会经济具有很大的反作用。虽然归根结底经济决定法律，但法律一经产生便追求尽可能多的独立性，并运用自己的独立力量来反作用于经济。这种反作用有两种情况：①沿着经济发展的规律起作用，从而有力地推动经济的发展；②违背经济发展的规律，从而会阻碍经济的发展。

（2）法律和经济发展之间存在着不平衡性。法律的发展和经济的发展，两者并非完全统一。法律可能表现为对经济的超前发展（如古罗马法），也可能滞后于经济的发展。此外，法律甚至可能通过自己的反作用力，一定程度地改变经济基础。

（3）法律有自己内部的和谐一致性。法律的内部和谐一致性，根本上取决于：①经济基础与法律本质上是一致的。②只有内部和谐一致，法律才能起到规范社会行为的作用。

（4）法律有自己的继承性。法律作为每个时代社会分工的一个特定的领域，必然是以由此出发的特定思想资料为前提的。这些思想资料也是在以前各代人的思维中独立形成的，走过了自己独立的发展道路，而经济在这里并没有重新创造出任何东西，仅是起着间接的外在作用。

总之，法律之所以对经济基础而言具有相对独立性，根本原因在于：法作为一种特殊的社会现象，存在着自己固有的属性和运行规律。

（二）依法治国是建立和完善社会主义市场经济的需要

在全面推进依法治国、努力建设中国特色社会主义法治体系的时代背景下，在我国从法律体系走向法治体系、从法律大国走向法治强国进而实现法治中国梦的历史进程中，推进国家治理体系的治理能力现代化，应当高度重视并充分发挥依法治国的重要作用。[①]商品交换一开始就包含着“人的法律因素”，但在不发达的商品交换的条件下，交换行为和秩序主要依靠习惯和道德来维系，法律的作用比较有限。但当商品经济得到广泛的发展而形成大的规模即市场经济的时候，法律的作用就极大地提高了。

市场经济必须是法治经济的道理在社会主义市场经济条件下同样适用。

具体而言，市场经济是法治经济主要表现在以下几个方面。

（1）市场主体或角色的资格由法律所决定。不管是自然人还是法人都要有互相独立、地位平等、具备行为能力和责任能力等基础性条件，这样才能成为市场的合格主体。

（2）市场主体的行为由法律所规范。市场主体产权的拥有、合同制度的自由、不正当竞争行为的反对都需要由法律进行保障。

（3）法律要实现国家对市场的宏观调控，以避免可能出现的市场乃至整个国民经济的失衡。但是，这种调控仅限于宏观经济领域，而在微观经济领域中，国家的干预则应尽量退出，交由市场自身来调节。

（4）法律要完善社会公平的社会保障制度。市场的竞争具有自发性，因而其后果对一些人来说可能是残酷的。对于那些竞争中的失败者、沦为穷困的人、失业者以及老人、妇女、儿童和其他弱者，法律必须提供必要的社会救济，尽可能地缩小两极分化的恶果。过分的社会分配的不公平必将挫伤广大劳动人民的积极性，也不符合人道主义精神和社会主义制度的本性。

（5）法律要建立有利于市场正常发育和成长的社会环境，如法制的统一、

①李林. 依法治国与推进国家治理现代化[J]. 法学研究，2014，36（05）：3-17.

产权的安全、交易的合理，以及对侵权行为和犯罪的及时惩处。这种社会环境也就是建立市场秩序的条件。

站在新时代的历史方位，面向人民在民主、法治、公平、正义、人权、安全、发展、环境等方面日益增长和不断提高的要求，面对任重道远的法治强国目标和依然繁重的全面依法治国任务，我们应全面系统地把习近平新时代中国特色社会主义思想和方略运用于法治领域，并创新性地转化为全面依法治国、建设法治中国的新思想、新方略、新实践①。

二、法律与政治

（一）法律与国家

（1）国家是法律的政治基础。这表现在：法律是国家意志，由国家制定或认可；法律以国家的强制力为后盾；国家的国体和政体极大地影响法律的特点与形式。

（2）法律是国家的组织和活动的重要工具。法律确认国家的基本制度和各项具体制度（包括法律规定国家政府机构和国家的活动原则）；法律也把国家的职能当作自己的职能，加以实现和保证。

（3）法律之于国家而言是相对独立的。国家和法律是并立的基本制度性的上层建筑现象，它们各有自己的规定性，不能相互代替，也不是从属与被从属的关系。

（二）法律与党的政策

1. 法律与党的政策的区别

（1）制定机关不同。法律是由国家权力机关制定或认可的，具有国家意志性。而党的政策是党的意志和主张的表现形式，是由党组织制定的，不具有国家意志性。

（2）规范形式不同。法律是以特定的条文形式颁布实施的，具有规范性和

---

①张文显. 新时代全面依法治国的思想、方略和实践[J]. 中国法学，2017（06）：5-28.

确定性的特征，其内容主要规范的是人们的权利和义务。而党的政策模式不那么固定，不需要一定以条文方式表现，内容具有指导性、号召性、原则性和抽象性的特征。

（3）实施方式不同。法律的实施主要是依靠国家强制力作为保障，而党的政策的实施则主要是依靠党的纪律制裁，而不依靠国家强制力。

（4）约束对象不同。法律是全体人民意志的体现，是上升了的国家意志，对全体社会成员具有普遍约束力。而党的政策体现的是党的意志和主张，约束的是党组织和党员及相关人员。

（5）稳定程度不同。一般来说，法律比较稳定，而政策总是随客观形势及时改变。

（6）效力不同。从党的政策是法律的指导这个意义上说，政策具有优越性。但党和它的政策也要服从法律，不得违背，即法律高于政策。

2. 法律与党的政策的联系

（1）党的政策是法律的指导思想。只有正确理解了党的各项政策，才能正确、全面地理解和掌握法律的基本精神和内容，才能根据形势的需要，正确地执行和实施法律。

（2）法律通常由党的政策转化而来。法律是党的政策的定型化、条文化和规范化。党的政策转化为法律后就具有了普遍的约束力，就可以由国家强制力来保证实施。

（3）法律的实施通常要借助党的政策来推进。反过来，党的政策也离不开法律：①党的政策通过法律才能普遍地表现和实现。②党的政策通过法律来具体化。③党的政策通过法律实施的过程来发展。

三、法律与道德

道德是通过善与恶、正义与非正义、高尚与卑劣等社会评价，调整人与社会之间关系的规范总称。道德是一种伦理（人际关系）性的规范。法律与道德是社会中的两种最基本的调整机制。

（一）法律与道德的异同

1. 法律与道德的区别

（1）形成时间不同。道德与人类社会同时形成和产生，而法律是阶级、国家和私有制出现后才产生的。

（2）产生方式不同。道德是随着社会生活的发展渐渐产生的，是人类意识和社会舆论的产物；而法律是统治阶级意志的体现，由国家制定和认可产生，通常都会表现为文字形式，是国家的治理工具。

（3）表现方式不同。不管是成文法还是判例法都会以文字的形式进行表现，而道德通常表现于人们的言行上，是人们道德意识的产物。

（4）适用范围不同。道德适用的范围更为广泛，相对模糊；而法律适用的范围则较为具体，十分明确。

（5）约束力不同。道德主要依靠社会舆论、习俗以及人们的信念力量来约束人们的行为；而法律则以国家强制力来约束人们的行为。

2. 法律与道德的相同点

（1）相同的经济基础与阶级性、价值取向，但与被统治阶级道德相对立。

（2）相同的调整功能，即达到相同的实现社会正义的目标。

（二）法律与道德的联系

（1）法律与统治阶级道德相一致，二者相辅相成，互相渗透、互相结合，法律离不开道德的基础；道德也离不开法律的支持。

但法律与统治阶级总体上的一致也不是绝对的。其表现是：①立法者在个别情况下有可能制定违背统治阶级道德的法律。②有些符合法律至少不违法的行为，可能并不符合道德；反之亦然。

（2）法律与被统治阶级道德相背离，但这不是绝对的。一般来说，法律总要不同程度地反映基本的社会共同道德准则。此外，资产阶级法律中也包含某些反映劳动人民利益的条款。

四、法律与科技、教育

（一）科技、教育对法律的影响

1. 科学技术对法律的影响

（1）科学技术对法律的直接影响。

第一，科技作为一种生产力，为法的产生提供了物质条件。这是原始社会末期的事。

第二，科技进步所形成的市场经济，给义务本位转向权利本位提供了物质条件。这是近代的事。

第三，科技发展导致的信息革命，空前地增强了产业的社会性和世界一体化，使法律越来越关心社会整体利益和全人类的利益；同时也使传统法律的个人本位转向个人社会本位。这是当代的事。

（2）科技也有力地影响着社会的法律观念。特别是在西方中世纪末期，科技的兴起，打破了传统的神学主义法律观念，代之以现实的法律观念。目前，科技发展的新成果所带来的思想解放，也促进我国法学的繁荣。

（3）科技成果丰富了法律的内容。例如，对知识和信息财产保护力度的加强。另外，还有法律上各种科技新手段的运用。

2. 教育是法治建设的基础

教育在人类社会中的地位主要有以下几方面。

（1）基础性地位。经济生活是社会的基础，而教育则是它不可分离的要素。经济发展要靠人的智慧和经验，教育的作用正在于总结全部人类智慧和经验而普及全社会。历史的规律是社会越发达，教育所起的作用越大。

（2）全局性地位。教育能推动社会各个领域的进步，是每个领域都不能缺少的。它越来越成为影响一个国家综合国力的关键因素。

（3）先导性地位。即社会的发展，以启蒙思想教育的发展为先导。

由于近代以来，法律中的新因素，特别是科技因素越来越多，法律形成了自己独立的概念、理论体系和方法，因此非专业的法律工作者很难胜任法律工作。

（二）法律对科技、教育的作用

（1）引导和推动作用。用法律来确定科教的目标，使社会为之奋斗。

（2）约束和规范作用。法律具体地向人们指出，为发展科教应该做什么和应该怎样做，确定和不断改变科教体制。

（3）维护和保障作用。法律维护科教人事队伍的合法权益，提供措施和条件的保障，实现科教事业的发展。

（4）对危害科教事业者的干预和制裁作用。

第二章

法的正义与感性精神探索

作为人类普遍公认的崇高价值、现代法律的根本追求，正义着重维护社会生活主体的平等和公正。正义是法的基本标准。正义问题不只是个理论问题，也是一个有很强实践意义的问题。有鉴于此，本章将从法的两种正义类型进行分析，同时针对法理与情理的关系以及法律的人文精神展开分析。

第一节 法的实质与形式正义

一、法的实质正义

（一）法与安全

安全既是社会主体行使权利、履行社会义务的重要保障，也是人们享受自由平等权利的首要前提。安全可以让人们更长久稳定地享受生命、财产、平等及自由等权益。

自由、平等体现的是公民的权利和义务在法律制度上的公平，安全则是国家职能在法律层面的设定。国家和公民在刑法、国家安全法、出入境管理法、国防法保护下免受外来入侵和渗透危害；国家权益和公民人身、财产受刑法、治安管理处罚法、各种行政管理法、民主政治权利保护；公民就业、医疗保健和养老保险等方面安全受劳动法、社会保险和社会救济法规的保护；自然生态环境在各种环境保护法的保护下不受损害；国家的金融、贸易领域由各种经济和金融法律法规调控安全。

人们通常会将法律意义上的安全和法律秩序相混淆，但是法律制度中的秩序和安全是另一种不同的概念，在本质上存在很多差异。“秩序”是对法律制度形式结构的一种表述，以调整、制约、管理人类各种事务为主要职能，主要体现为具有法律效力的各项规则、标准、原则等。与此同时，安全对于人类具有非常重要的实质价值。社会关系正义性是安全制度完善与施行的重要保障。与秩序对法律制度存在状态的要求不同，安全不但体现了正义的本质价值标准，而且关系着国家职责分配的指导性原则。

（二）法与效率

经济学最常见的词是效率。效率强调消费最小的资源创造最大的价值，这与经济发展的本质追求不谋而合，经济活动中的效率则是以最少的社会投入为社会生产出最大数量的产品和更多社会财富。作为经济学概念的扩展，“效率”一词在其他社会领域代表的是以最小的付出，如时间、物资、人力等资源，达到预期的社会目标。法学中的效率也具有相同的含义。

自由、平等和安全是传统政治论的重要组成部分。从传统社会发展至现代社会，社会资源的投入与产出比越来越受社会关注。每个国家都在不断努力寻找适合国家实际情况的经济发展道路。尤其是进入市场经济时代，随着市场竞争的持续升级，经济发展首先要科学有效地分配和使用各种资源。因此，社会正义也要考虑效率的影响作用。

正义在法学领域关系着权利与义务的划分。因此，效率在法律上作为一种正义，体现着法律机制运行过程的简单易懂、快速高效、省时省力等诉求，以及能凭借较少的社会资源为社会提供优质的服务。

正义标准中的平等和效率在人们认知中存在一定的矛盾性。社会在追求效率的同时不可避免地忽略了社会其他方面的平等性。俗语云，鱼和熊掌不可兼得，平等和效率人们只能选择其一，一般情况下，人们会优先考虑具有更普遍适用性的平等。

二、法的形式正义

（一）自然界和社会的有序性

自然界和人类社会各部分都有着连续性、一致性和确定性的状态，这就是秩序。各组成部分间各行其是、混乱驳杂的状态则是无序。当一种状态向另一种状态过渡时常会出现短期的无序，它是不可预知的变动。

探索自然界和人类社会各部分间的连续性和确定性，是人类孜孜不倦的追求。比如，在自然科学领域，人们研究自然规律的奥秘；在社会科学中，人们追求合理的秩序。

（二）法律秩序体现的形式正义

生活在秩序状态下的人们，不管是从事经济活动还是进行其他社会活动，都会表现出一致性、连续性、确定性和可预测性。为了让这些有利于人类发展的行为特点延续下去，法律制度在一定形式上要体现法律正义。这些形式正义需求具体表现为以下四点。

第一，法律规则具有普遍适用性。法律规则需要适用于大范围内的社会主体，并且可以限制、调整人们行使各种权益的具体行为。在法律规则普遍适用性的要求下，法律规则要对身居不同社会层面的社会个体一视同仁，不能区别对待。对于任何违法行为都要根据法律规定酌情判决，对于相同的违法行为要平等处理，不能厚此薄彼。

第二，法律规则的内容确定性突出。法律规则要明确界定人类的各种行为，如行为主体的身份条件、时间、地点、适用法律规则的缘由等。当出现法律规则之外或者不明确的语言表达时，法律对此类问题的处理要公私分明，不能“一刀切”。法律规则只适用于公法适用的范围，在刑法上表现为“法无明文不为罪”，严格约束法律规则在公法领域的施行，同时恰当调整法律规则在公法领域的溯及既往的效力。私法则允许事件主体采取个人行为或诚信原则解决问题。

第三，法律规则体系具有相对稳定性。法律规则不可能令人们很快熟悉和习惯各种法律法规内容，因此，法律规则必须稳定，只有这样，才能慢慢渗入人们的意识，成为各社会阶层人们的共同认知。假如法律朝令夕改，那么人们就无法充分理解法律规则内容，更不会有充足的时间去规范自身行为，从而不利于建立健全的社会规范系统。

第四，法律具有公开性。法律公开是法律发展史上的一次重大变革，涉及各民族的历史发展。法律公开打破了以往法律的封建束缚，将全部法律内容公开透明地公示给人们，并要求人们遵守各项法律内容。只有公开的法律才能被人们知晓，才能培养人们知法、懂法、用法的能力，逐渐引领人们适应法律规则、依法行事，从而形成优质有序的社会环境。如果法律依旧故步自封，或者不能完全公开，那么就无法规范人们的行为，从而阻碍社会发展。

第二节　法律中的情理关系处理

一、情理与法理的关系

第一，情理是法理产生的土壤，法理是情理的精华提升。情理是一种法的价值取向的具体表现，如民法典中的诚实信用原则和公序良俗原则。法理与情理的关系并不单一，两者在某些方面是相互统一的，而在其他方面又是相互对立的存在，既有差异又相辅相成。

第二，民众普遍存在的心理感知就是所谓的情理。法学专业学者通过对情理的理性思考总结出来的经验结果就是所谓的法理。情理是民众总体情感的综合表现，其表现的是民众的内心准则，是民众的智慧结晶；法理是法学者对情理进行冷静思考、逻辑推论后总结出来的理论成果。法理具有很强的理性特征，可以为实现社会综合利益提供重要保障。

第三，民众日常会以情理作为对待周边人与事的标准，而法务人员在裁决违法行为时必须以法理为标准。民众面对日常生活中的种种纠纷，如何分辨是非，人人心中都有一杆秤，与情理不合的就是背德行为，与情理相符的就是正常行为。法学家凭借对情理的研究，创造出符合法理的法律规则。

二、法律与情理的冲突处理

公民享受的各项权利和应该履行的各项义务是法律法规的主要内容，并由国家强制力提供施行保障。情理来源于人们的日常生活，因此情理主要适用于人们的日常事务。法律是以人们广泛认同的世间情理为参考制定出来的规范。在处理各种违法案件时，司法人员和执法者不能感情用事，必须以对应的法律条款为处理依据，再酌情参考情理做出最终判决。法律与情理在现实执法工作中不可避免地会出现冲突，对此，可从以下几方面入手。

（一）在司法过程中要注意法律与情理的协调

公平、公正的法治社会环境不仅是人们的理想追求，还是治理社会的最优手段。法律具有至高的约束效力，其他任何社会规范都不能与其相悖。当情理、道德等规范与法律产生矛盾的时候，法律终将会居于首要地位。法律是一种抽象理念表达，具有相对稳定性，以规范、调整人类行为为主要历史使命。司法人员在裁决案件时，应当一方面遵循法律规定，另一面适当参考情理，注意法律与情理的协调，进行最优裁决。

（二）法律与情理明显冲突不可调和时，可以采用法庭调解方式

法律和情理在民事纠纷事件中经常会产生矛盾。面对这种情况，人们通常会采用调解手段解决纠纷。调解过程既要依据法律法规，又要考虑日常情理，是维护社会和谐、伸张社会正义的一种重要形式。司法人员面对案件时，要保持清醒的法律理性思维，还要懂得人间冷暖；推敲事件因果时，既要用公正的法律逻辑，还要考虑大众的思考习惯；既要深刻理解法律的真正内涵，还要能对大众的遭遇感同身受。聆听大众的内心呼声、思考大众的真正需求、反思大众的意见反馈等是司法人员的工作职责。俗语云“水能载舟，亦能覆舟”，法律的正义需要司法人员维护，也需要大众的普遍认同。司法人员秉承法律制裁各种违法犯罪固然可以维护社会和平与公正，但是大众对法律和司法判决结果的认可更为重要。毕竟法治不单单是司法人员的事业，也是全体社会成员的事业，法治社会的建设离不开社会大众的理解和认可。

第三节　法律人文精神的体现与价值

从古至今，人类各民族的发展历史经过岁月洗礼滋生出了法律科学中的人文精神精髓。“人”始终是论述的核心点，要充分重视人的权益保障。

一、法律科学中人文精神的具体体现

（一）中国传统法文化中的人文精神

历史发展使中国传统法文化历经数次改革，产生了自己的观念、制度和含义，尤其是人文精神更加突出。所以，介绍传统法文化中的人文精神是探究当代法律科学中人文精神表现的前提条件。

1. 明确的伦理属性

在古代法文化中，伦理指的是人类的伦理纲常。传统法文化深受儒家思想影响，如长幼尊卑、亲疏贵贱等思想观念直接影响着古代法律的形成和发展，其含义中的“人文精神”伦理色彩尤为明显。“人文精神”的伦理属性通过“亲亲相隐”的发展变化体现了其地位与变革。

有关“亲亲相隐”的记载可追溯至春秋时期，无论是《礼记·檀弓》《孔子·子路》，还是《孟子·尽心上》，都有关于亲属间相互容隐的记载，反映了对“亲亲相隐”的一般观点。而第一次以法律的形式确立“亲亲相隐”的是汉宣帝的诏书，其以诏令的形式正式确立了“亲亲得相首匿”：“父子之亲，夫妇之道，天性也……自今子首匿父母，妻匿夫、孙匿大父母，皆勿坐，其父母匿子、夫匿妻、大父母匿孙，罪殊死，皆上请延时以闻。”

唐朝关于“亲亲相隐”的制度，形成了一个完善的规范系统。后世只是在其基础上稍做改动，并无原则性的发展变化。例如，《名例律》中规定了“诸同居，若大功以上亲及外祖父母外孙，若孙之妇，夫之兄弟及兄弟妻，有罪相为……其小功以下相隐，减凡人三等”。伦理属性在古代法律中扮演着重要的角色，并随着历史的发展而不断变化，体现着古代法文化的人文精神，并在一定程度上影响着古代法文化的发展与运行。

2. 不容忽视的人本思想

以人为核心，调节人与自然、人与国家的关系，融合于传统法文化各个部分，即人本思想。神明不再是法律上人与人的关系核心，取而代之的是社会特定的个体价值。

西周时期的“明德慎罚”“五听”的产生与发展，以及《唐律疏议》中对老幼的体恤，无一不体现我国古代司法官以人为本的思想，刘家和在其文章中也详细描述并分析了《左传》中的人本思想，其中便包含与法文化相关的人文内涵，除将人而非神作为研究的中心这一内涵外，刘家和还认为，《左传》的人本思想大量体现在“以人事来论证人事的成败”上，体现了人的作用。

不管是人价值的充分体现，还是古代法文化的进步，都离不开人本思想的指导。以人为中心，重视人的价值核心导向使得古代法律始终以维护“人权”为主要工作目标。

（二）现代法律科学中人文精神的体现

1. 以人为本

法律科学对“人”的特别关注直接体现着“以人为本”的核心思想。现代的以人为本思想虽然与古代人本思想有许多相同之处，但是两者在本质上还是存在差异的，主要表现为以下几点。

第一，主体不一样。古代的人本理念认为人与神明存在某种关系，人与神明是独立存在的。现代以人为本的思想主要处理人与国家的相互关系，社会个体的合法权益受国家法律保护。

第二，最终目标不一样。君王是古代人本思想的至高权力拥有者。保障专制统治不受侵害是古代人本思想的根本任务。随着法治思想的不断发展，现代的人本思想始终把人民放在首要位置，将保护人民权益与人格不受损害视为核心任务。

第三，内涵不一样。古代法文化的人本思想主要是各种诉讼权利。现代以人为本的思想不仅包括各项诉讼内容，还包括保障人的尊严和权益。

2. 尊重伦理与道德

现代法律科学中蕴含着伦理与道德，法律也不是至高存在。现代的国家法律将情理纳入其中，如现代法律针对少数民族特有的风俗人情制定了特殊的法律条款。法律保护伦理道德既可以沿袭民族传统理念，也得到了人民的普遍认同。

3. 尊重和保障人权

在人权成为国际主流的时代，当代法律科学最重要的一项人文精神便是对人权的保障。无论是《中华人民共和国宪法》中对我国公民基本权利的规定，还是刑事诉讼法中对诉讼程序的规定，无一不体现了当代法律科学对人权的尊重，明确了法律科学的人权价值。

二、人文精神对法律科学发展的价值

（一）赋予法律科学价值

法律科学将人文精神纳入法律科学体系中，将保护与人相关的各项权益作为根本目标。为此，法律目的变得更加明确、稳定，法律目的原来具有的任意性和多变性逐渐消失，法学价值不断提升。人文精神的内在含义以自然的、应然的法律理论为基础，富有一定的科学导向，使法律科学具有更高的价值。

（二）提供法学阐释内容

法律思想包含多种理念，随着历史的不断前进，法律科学包含的部分思想已经退出了历史舞台，不再具有阐释的必要性。不过，法律科学思想中的人文精神随着时代的发展不但没有消失，反而沿着历史发展历程承袭了丰富的历史文人精华，为法律阐释带来了新的方向。通过研究不同法律制度背景下的人文精神，相当于以人文精神为切入点，深入了解当时的法律内容和体制构成。

第三章

法学理论构成及其基础内容

经过多年发展，我国的法学理论体系建设已经在中国特色社会主义法学理论的指引下发展到了新的境界。在构建中国特色哲学、社会科学体系的过程中，学界不仅要从社会实践上来加强探索，还要从法学理论的内在组成上加以法学思想体系的建构，如此方能将全面推进依法治国的时代目标纳入发展正轨，才能从思想精神上落实社会主义法治国家总目标。本章主要从法学理论的构成与基础内容上展开分析。

第一节　宪法基础内容

一、宪法的概念和特征

宪法是规定国家的根本制度和根本任务，集中表现各种政治力量对比关系，保障公民基本权利的国家根本法。宪法的主要特征如下。

（一）宪法是国家的根本法

国家的性质、基本国策、政权结构形式、政权组织形式、公民基本权利、国家机构组织、公民基本义务、国家职权等重要问题及国家根本制度都依据宪法来进行具体的规定。除宪法外的其他法律，仅对国家生活中的一般性问题给予相应的规定，且涉及的范围比较狭隘，基本为社会生活和国家生活中的某一方面或某些方面。

1. 宪法的法律效力最高

宪法的最高法律效力主要体现在两个方面：一是宪法是一切公民、社会团体、国家机关的最高行为准则。二是宪法是制定其他法律的依据，一切其他法律、法规都不得与宪法相抵触。

2. 宪法的制定与修改程序

修改宪法和制定宪法的机关通常是由法律专门设立的，如宪法起草委员会、制宪会议等。较普通法律的通过程序而言，宪法或宪法修正案的通过程序要更为严格。如我国宪法规定：宪法修改的方式明确后，需经过提案—审定—起草—议决—公布流程，其间还需要通过五分之一以上的全国人民代表大会代表或全国人民代表大会常务委员会提议。此外，还需通过全国人民代表大会全体代表人数的三分之二以上才可以决策。

（二）宪法是公民权利的保障书

从当今世界各国的宪法条文来看，虽然宪法规定了国家生活的各个方面，但是其条文结构基本上可以分成两大块，即国家权力的恰当行使和公民权利的有效保障。

（三）宪法是民主事实法律化的基本形式

由于宪法中处于核心支配地位的是保障公民权利，因此这种对公民权利的保障，实际上是对民主的一种最为直接的表现。当然也可以理解为是民主事实的一种必然结果。由此可见，宪法离不开民主，民主也离不开宪法，宪法得以产生的前提之一是民主主体的普遍化，而民主事实法律化的基本形式则是宪法。

二、宪法的本质

宪法的本质在于，它是一国政治力量对比关系的集中表现，主要体现如下。

（1）宪法是在阶级斗争中取得胜利的那个阶级的意志和利益的集中表现。这就决定了宪法不可能代表全民的意志，社会主义和资本主义的宪法都是如此。

（2）各种力量的实际对比关系决定并影响着宪法的具体内容。虽然决定宪法内容的因素很多，但最重要的仍然是政治力量的对比关系。

（3）当各种力量的实际对比关系发生变化时，必然引起宪法内容的变化。

第二节　民商法基础内容

一、民法概述

如果说宪法和行政法重在限制公权力，那么民法典就重在保护私权利，民法典几乎囊括所有的民事活动，所以被称为“社会生活百科全书”，它以权利为核心构建其具体的法律规则，是民事权利的宣言书和保障书。2020年5月28日，我国十三届全国人民代表大会第三次会议表决通过了《中华人民共和国民法典》（以下简称民法典），该法典自2021年1月1日起施行。

（一）民法的界定与分类

我国将民法界定为：规定和调整平等主体的自然人、法人和非法人组织之间的人身关系和财产关系的法律规范的总和。这一概念也说明了民法的调整对象。

依据不同的标准，民法可以做不同的分类。

（1）实质民法与形式民法。根据民法的表现形式不同，民法可以分为实质民法和形式民法。实质民法是指规定和调整平等主体的公民、法人或非法人组织之间财产关系和人身关系的法律规范的总和。实质民法的外延极其广泛，不限于民法典以及民事单行法，还包括公法中调整民事关系的法律规范。形式民法是指国家经立法机关制定的以“民法”“民法典”“民法通则”命名的法律，我国的民法典就是形式民法。

（2）广义民法与狭义民法。根据民法的范围不同，民法可以分为广义民法和狭义民法。广义上的民法除包括民法典之外，还包括调整物质资料的归属关系、知识产权法律关系、商品交换关系、劳动关系、继承关系、婚姻家庭关系等各种民事关系的其他法律法规。在民商合一的国家，广义民法还包括调整公司关系、票据关系、保险关系以及信托关系等商事关系的法律规范。调整基本民事法律关系的法律是民法典，民法典便为狭义民法。

（3）普通民法与特别民法。以民法规范表现形式的不同为标准，可将民法区分为普通民法和特别民法。普通民法是指经过编纂，以民法典的形式集中表现出来的民法规范，它具有广泛适用的特性。这种广泛性主要表现为，在时间、空间、对人的效力等方面具有一般性。特别民法是指以单行法律法规、司法解释等法律表现形式对特定事项等进行调整的民事法律，它的效力具有特殊性。这种特殊性体现在特定的时间、特定的空间或对特定的人产生法律效力。所以，当特别民法和普通民法对某一事项都有规定时，如果两者的规定存在差异，则特别民法优先于普通民法。

（二）民法的调整对象

民法的调整对象，是指由民法加以规定，可以适用民法解决纠纷的特定社会生活关系，即民法调整的社会关系的范围。民法典中对民法调整对象做了规定，依据其规定，民法调整平等主体的自然人、法人和非法人组织之间的人身关系和财产关系。

1. 民法调整平等主体之间的民事关系

民法调整的是平等主体之间的民事关系，其包含以下三层意义。

（1）民事关系是人与人之间的一种社会关系。需要注意的是，物权虽然表现为人对物的直接支配，而且不需要他人配合，权利人就可以实现权利内容，但物权也体现了人与人之间的关系，例如，物权人之外的其他主体负有尊重物权、不得侵害物权等义务。

（2）民事关系是人与人之间因民事而形成的社会关系。法的调整对象是一定的社会关系，社会关系并非凭空产生，它需要一定的事实引起。如出生引起父母子女关系，地震引起国家救灾关系等，这些关系受法律调整产生了权利义务关系，即法律关系。民法调整的对象是民事关系，民事关系也是通过一定的事实引起的，而这些事实，则称为民事法律事实，没有民事法律事实也就不会存在民事关系，民事关系受民法典以及民事单行法的调整而形成民事权利义务关系，法律通过对民事权利义务关系的调整实现了对民事主体之间关系的调整。如果不属于民事而形成的社会关系，则不在民法的调整范围之内。

（3）民事关系是平等主体之间的社会关系。民事关系的主体是民事主体，民事主体的地位是平等的。原民法通则规定了公民、法人两个主体，而民法典创设了第三类主体：非法人组织，赋予个人独资企业、合伙企业等不具有法人资格的组织以民事主体地位，有利于其开展民事活动，促进经济社会发展，也与其他法律的规定相衔接。

公民是具有一国国籍的人，属于政治学上的概念，其范围过窄。因此，民法典将除民法通则中的公民修订为自然人，使其不仅包括中国公民，还包括我国领域内的外国人和无国籍人。最终，民法典确定了自然人、法人和非法人组织三个主体，而民事关系是民事主体之间的社会关系其具体表现为自然人之间、法人之间、非法人组织之间、自然人与法人之间、自然人与非法人组织之间、法人与非法人组织之间产生的各种民事关系。

2. 民事关系包括财产关系与人身关系

民事关系包括民事财产关系与民事人身关系，不论是民事财产关系还是民事人身关系，它要求发生在平等主体之间。

（1）人身关系。人身关系是指人与人之间基于彼此的人格或身份而形成的，不以主体的经济利益为内容，而以主体的人身利益为内容的社会关系。人身关系包括人格关系和身份关系。

第一，人格关系包括身体关系。身体关系是自然人对自己的生命、健康以及器官等身体而产生的关系，由此而形成了身体权。狭义上的人格关系是基于人格利益而发生的社会关系，它主要包括姓名权、名称权、肖像权、名誉权、隐私权等权利。除此之外，广义上的人格关系还包括自然人享有的基于人身自由、人格尊严产生的其他人格权益，包括：自然人享有的生命权、身躯、健康权、姓名权、名称权、肖像权、名誉权、荣誉权、隐私权等权利；法人、非法人组织的名称权、名誉权和荣誉权。

第二，身份关系。身份关系是以特定的身份利益为内容的社会关系，即人与人之间基于彼此的社会身份而形成的以主体的身份利益为内容的社会关系，如配偶关系、父母子女关系等。依照民法典第一千零一条，对自然人因婚姻家庭关系等产生的身份权利的保护，适用本法第一编、第五编和其他法律的相关规定；没有规定的，可以根据其性质参照适用本编人格权保护的有关规定。

（2）财产关系。

第一，财产的范围。民法调整的财产关系是平等主体之间以自愿为基础的具体的具有经济内容的社会关系。准确界定财产，是理解财产关系的基础。随着人类社会的不断发展，新的财产将不断出现。例如，网络世界的虚拟财产就已经成为我们生活的一部分，给我们界定财产带来了困难。

人身之外能够被人支配的具有经济价值的，就属于财产，它包括物，但不以物为限，债权、知识产权收益等也属于财产的范畴。它通常具有四个特征：①必须独立于人身之外，内在于人的不属于财产，如人的生命、健康以及器官等。财产只有外在于人，才可以成为交易的对象。②财产的可交易性，财产通常是可以交易的，通过交易实现其经济价值。但是，为公共利益考量，有些财产禁止转让或者转让受严格限制，但仍不排除其财产属性。③具有有用性，财产是手段而非目的，财产须能够满足人的需要，不能满足人的需要的，不能称为财产。④可支配性，财产须能够支配，不能支配之物，不能称为财产，如月球、空气等。

第二，财产关系的类型。财产关系包括静态的财产关系和动态的财产关系。静态财产关系又称为财产支配关系，是财产在特定主体支配下形成的支配者与社会一般人之间的财产关系，主要是财产的归属、利用关系，如物的所有关系、物的利用关系、物的占有关系等。调整静态财产关系的法律主要是民法典物权编。动态财产关系又称财产流转关系，是财产由一主体向另一主体移转时，财产转让者与受让者之间形成的财产关系，包括商品交换关系、投资及盈利分配关系、劳动工资及劳动保险关系等。

（三）民法基本原则

民法的基本原则是民事活动的基本准则。我国民法典规定基本原则，具有补充民法法源的价值和功能。基本原则已经成为我国立法的惯例，不但在民法典中存在基本原则的规定，在刑法、行政许可法、行政处罚法等法律中也存在基本原则，各部法律中的基本原则对适用法律产生着巨大影响。

1. 保护合法民事权益原则

民法典第三条确定了保护合法民事权益原则，它是指民事主体的人身权利、财产权利以及其他合法权益受法律保护，任何组织或者个人不得侵犯。对于“非法民事权益”法律不予保护。例如，对于未经许可擅自开采矿产资源所获得的利益，民法不但不保护，而且应依法予以没收。

民事主体包括自然人、法人和非法人组织，这些民事主体的合法民事权益受到法律平等保护。即使是公权力主体，只要进入民事领域，从事民事活动，其权利就是民事权利。这里的民事主体，不限于自然人或者民营企业，所有民事主体（包括国家、私人、企业）的权利神圣不可侵犯。

法律保护合法民事权益的手段主要包括：①确权，即确认民事主体对人身或财产享有民事权利；②给予民事主体财产权自由，自由处分自己的财产，除非有法定的正当理由，采取所有权绝对原则，对所有权自由行使不设限制性条件；③为民事权益受到侵害提供救济措施，民事权益受到威胁、行使受到妨碍甚至民事权益受到侵害时，通过民事责任制度对民事主体进行救济。

法律保护合法民事权益允许权利人自由行使权利，但是权利的行使要受到限制。民事主体的人身权益中有些民事权益是不能转让的，也不允许转让，如生命权、健康权、身体权等；虽然强调民事主体的财产权自由，但财产权的行使也要受到诸多限制，不存在不受限制的财产权，尤其是不动产所有权的行使受到限制。有些限制来自法律，例如，民法典规定权利不得滥用，所有权的行使要受到相邻关系的限制等；还有些限制来自双方当事人的约定，如赠与人将财产赠与给受赠人时约定赠与物的所有权不得转让，该约定虽不发生物权法上的效力，但仍具有债权法上的意义，受赠人违反约定的，要承担违约责任。

2. 平等原则

民法典第四条确定了平等原则。法律地位平等说明，民事主体，无论是自然人、法人还是非法人组织，无论自然人的年龄、性别、职业、出身、肤色、贫富，无论法人或非法人组织的规模大小、经济实力雄厚与否，在法律上的地位是平等的，也就是民事主体之间法律地位形式平等。法律地位平等意义上的平等原则理解为形式平等或机会平等，而非实质平等或结果平等。形式平等是指同等地对待一切人，不考虑境况的不同。这种形式上的平等非常重要，因为它为自然人、法人和非法人组织能够进行交易提供了法律支撑，只有在法律上宣称所有民事主体的法律地位是平等的，立法者才能在此基础上设计民法规范，所以平等原则为民事立法提供了坚实的基础，更是民法与行政法等公法相互区别的标志之一。

3. 自愿原则

自愿原则是指民事主体按照自己的意愿独立进行民事活动。它具有两个方面的基本内容：一是意思自治，即民事主体按照自己的意思独立进行民事法律行为，设立、变更和终止民事法律关系；二是在意思支配下实施事实行为，如在意思支配下实施侵权行为等。

（1）自愿原则作用的范围。自愿原则作为民法的基本原则，贯穿于民法的全过程，不但体现在合同编中的合同订立、履行、解除甚至关于违约责任的约定等方面，还体现在物权编的物权的变更、婚姻关系的建立和解散、收养关系的建立和终止、遗嘱继承和遗赠甚至人格权的商业利用之中。

从民事法律关系的视角，自愿原则包括：①是否进行民事活动的自愿，即民事主体有权决定参加或不参加某种民事活动的自愿，其他民事主体不得干预，更不能强迫其参加；②当事人通过意思建立民事法律关系，即民事主体自愿决定参与的民事关系的类型以及民事法律关系权利义务的具体内容，如自愿决定订立合并决定合同内容；③当事人通过意思变更民事法律关系，变更民事法律关系又包括民事法律关系主体变更、客体变更和内容变更；④当事人通过意思终止或者消灭民事法律关系，如按照协议解除当事人之间的合同关系等；⑤自愿决定民事法律关系法律责任，如民事主体可以在合同中约定违约责任。

自愿原则并非绝对的，要受到合法原则、诚实信用原则、公平原则、公序良俗原则等原则的限制。

（2）自愿原则是民事法律制度设计的基础。民事主体依自己的意思自治，所以当事人要对因自己意思表示建立的法律关系享有民事权利义务，这些权利义务通常是约定的，但自愿原则要求表意人有行为能力，不具有相应行为能力，欠缺必要的意思表示能力，也不会产生表意人期待的法律效果。在意志支配之下的行为而产生了侵权、不当得利、无因管理等，则是基于法律规定产生权利义务关系。尤其是在侵权行为中，行为人的意志是确定其是否要对其行为承担责任的依据，所以过错责任原则为侵权责任的基本归责原则，产生了过错责任。作为意思自愿的结果，一个人要对意志支配之下的行为负责，产生了结果自负，无论合同之债还是侵权之债，都是表意人或者行为人承担责任，第三人承担责任仅为例外。

但意思表示并非总是自愿的，对于非自愿作出的意思表示，法律必须为其设定相应的救济制度，如民事法律行为中的撤销制度等。一个人的行为也并不总是在自己控制之下实施，如果行为人对自己行为失去控制力，如突发疾病等，对造成的损害通常不负担赔偿之责。所以，自愿原则是责任自负、过错责任、行为能力以及民事法律行为救济制度等民事法律制度设计的基础。

（3）自愿原则的保护。平等原则为自愿原则的实现提供了基础，如果双方当事人法律地位不平等，也就谈不上自愿。民事主体法律地位上的形式平等至少实现了形式上的自愿，但民事主体在自然属性、财产多寡等方面存在事实上的不同，而这些事实上的不同则导致事实上法律地位的不平等，由此导致自愿原则也出现了非自愿的情况。

因此，一方面，民法要通过提高弱者的法律地位，使其具备能够与垄断者讨价还价的能力；另一方面，法律上又通过对格式条款的控制、规定垄断者强制缔约义务、劳动者最低工资标准、产品的质量要达到的标准等对当事人的意思表示进行干预。通过这两个方面的措施，有利于民事主体根据自愿原则从事民事活动。

4. 公平原则

民法典第六条将公平原则作为民法的基本原则之一。一般认为，公平原则是指民事主体从事民事活动时要秉持公平理念，公平、公正地确定民事活动中各方的权利和义务，并依法承担相应的民事责任。公平原则除了要求公平地确定当事人的权利义务之外，还包括当事人参与民事法律关系的机会平等、正当竞争，这是公平的重要保证和基本含义。所以，公平原则体现为机会公平、权利义务公平及责任公平。

如果说自愿原则确定了民事主体进行民事活动的自由，那么公平原则则对民事主体从事民事活动的自由作出限制。公平原则对民事活动的限制表现如下。

首先，民事法律关系中权利义务关系的公平，即民事权利义务相对等，不能一方仅享有民事权利而不承担民事义务，也不能一方仅承担民事义务而不享有民事权利。

其次，民事主体在行使民事权利和履行民事义务时，应遵守公平理念，必要时可主张同时履行抗辩权、不安抗辩权等。

再次，承担民事法律责任时要符合公平原则。侵权责任中的过错责任、无过错责任以及公平分担损失等，都是公平原则的具体体现和要求。

最后，公平不限于对当事人的要求，更是对法官的要求，是法官在解释法律规范、法律行为内容时适用的平衡工具。

民法典从形式理性出发，将平等、自愿作为民法原则，并认为在平等、自愿下民事主体形成的民事法律关系，符合公平原则的要求。但是，形式公平可能隐含了实际的不公平，这时需要对实际的不公平现象以民法基本原则或者特别法律规范的规定进行纠正，实现实质公平。

5. 诚实信用原则

诚实信用原则简称诚信原则，是指民事主体在从事民事活动时，应该讲诚实、守信用，恪守承诺，不为欺诈行为。诚信原则的适用范围最初仅限于合同，包括依据诚信原则订立合同、履行合同义务以及合同终止之后基于诚信原则而负担后合同义务等。后来，诚信原则的适用范围扩大至整个民事活动，所以其对物权、合同、婚姻家庭和继承、侵权等都有重要的指导意义。例如，行为人造成他人损害的，基于诚信原则应主动承认自己是侵权人并主动承担赔偿责任。

作为民法基本原则，诚实信用原则不但对指导民事主体的民事活动具有意义，同时，它还具有一定的裁判功能，具体表现在以下三个方面。

（1）当法律对某一民事纠纷有明确规定的，法官运用法律解决具体纠纷时，不但要基于并运用法律，还要运用诚实信用原则解释当事人之间的意思表示。

（2）某一民事纠纷没有具体法律规定的，人民法院可以适用诚实信用原则进行裁判，但应当阐明诚实信用原则与具体案例之间的内在联系。

（3）诚实信用原则还具有限制法官对法律进行解释的功能，即法院对法律进行解释时，应当符合诚实信用原则的要求。

6. 合法原则

合法原则是指民事主体的民事活动要符合法律、法规甚至标准的要求。这里的“法律”包括强制性法律规范和强制性标准，而非某一部具体的法律。因为在一部法律中，有的属于强制性法律规范，有的属于任意性法律规范。对于任意性法律规范，当事人之间的约定在效力上具有优先性。当事人从事的民事活动违反强制性法律规范的，并非都无效，只有违反效力性强制规范的民事法律行为才是无效的。对于强制性标准，民事主体在从事民事活动时也要遵守，如关于产品质量的强制性标准等，否则民事法律行为无效并因此而承担法律责任。

7. 公序良俗原则

依民法典第八条，民事活动要遵守公序良俗原则，它是公共秩序与善良风俗原则的简称，是现代民法的一项重要法律原则。很多大陆法系国家都在民法典中确立了公序良俗原则。因此，所谓“公序良俗原则”，是指民事法律行为的内容及目的不得违反公共秩序或善良风俗。公共秩序又称公共利益或公共政策，是指政治、经济、文化等领域的基本秩序和根本理念，是与国家和社会整体利益相关的基础性原则、价值和秩序。善良风俗也被称为社会公共道德，是指基于社会主流道德观念的习俗，是全社会成员所普遍认可、遵循的道德准则。公序良俗原则属于公共利益和社会道德的范畴。

公序良俗原则通常是否认民事法律行为的效力，我国民法典将其作为基本原则加以规定主要是因为公序良俗原则不但对合同效力判断具有裁判功能，还对物权、婚姻家庭和继承等其他部分的规定具有裁判功能。

8. 生态原则

生态原则就是从事民事活动时，民事主体应有利于节约资源和保护生态环境，其又有绿色原则之称。作为民法基本原则的生态原则被民法典规定下来，其缘由在于，一方面，生态原则传承了我国天地人和、人与自然和谐共生的优秀传统文化理念；另一方面，生态原则是我国新发展理念的一种重要体现方式。生态原则作为民法的基本原则，对判断民事法律行为的效力等具有重要意义。

（四）我国民法典体系及其效力

1. 我国民法典的体系

我国民法典共七编，1260条，各编依次为总则、物权、合同、人格权、婚姻家庭、继承、侵权责任。民法典实施后，婚姻法、继承法、民法通则、收养法、担保法、合同法、物权法、侵权责任法、民法总则同时废止。从我国民法典的体系看，虽然也采纳了德日等以学说汇纂的体例编纂，但又有其特殊性，体现在：①我国将人格权独立成编；②不设债编总则，将不当得利、无因管理作为准合同，规定在合同编；③增设侵权责任编，且将其置于最后，凸显其民事权益保护功能。

2. 我国民法典的内部与外部效力

（1）民法典总则编与民法典其他各编、民事单行法的关系。民法典总则编与民法典物权编、合同编、人格权编、婚姻家庭编、继承编、侵权责任编之间是一般与特殊的关系。总则编是采取提取公因式的方式构建起来的，其对各分编以及其他民事单行法的作用体现在以下三个方面。

第一，总则编指导民法典各分编以及民事单行法的制定。民法是私法的组成部分，同时也是私法的基础和核心部分。即使在为了特定利益进行补充或修正规范的情况下，也是以民法典所包含的核心制度和基本规范为依据的。民法典总则编的民事主体、意思表示、权利和代理等对民法典各分编、民事单行法具有重要的指导价值。

第二，总则编指导民法典各编和民事单行法的适用。例如，民法典总则编关于可撤销民事法律行为的规定不但对合同编有指导意义，还对保险法、信托法、票据法等适用具有指导价值。

第三，总则编具有补充功能。民法典总则编提取的公因式，如权利能力、行为能力、代理、意思表示、权利、诉讼时效等具有广泛适用性，在民法典各编或者民事单行法没有规定的情况下，应适用民法典总则编的规定。

（2）民法典各分编与民事单行法的关系。虽然民法典各分编与总则编比较属于特别规定，但民法典作为私法的一般法、基本法决定了民法典各分编对其他民事单行法具有“总则”的功能，民法典各分编相对于其他民事单行法律而言，则属于一般规定。所以，制定、适用各民事单行法不但要遵循民法典总则编的约束和指导，也要受各分编的约束和指导。同时，各民事单行法有规定的，依据其规定；在各民事单行法未作规定时，民法典各分编的内容具有补遗性。

（3）民法典各分编之间的关系。民法典各分编之间的相互关系，应该遵循以下两个规定。

第一，需要根据民法典的具体规定来确定适用的法律规范。例如，侵权责任编第一千一百七十八条规定：“本法和其他法律对不承担责任或者减轻责任的情形另有规定的，依照其规定。”也就是说，民法典侵权责任编之外各编关于不承担责任或者减轻责任另有规定的，具有优先适用性。

第二，根据各分编的内容确定。例如，物权编关于物权的规定，对继承编继承客体具有适用性；合同编关于合同的规定对于其他各编有关协议的规定具有参照价值。

（4）民法典侵权责任编的特殊性。我国民法典将侵权责任单设一编，在民法典编纂史上具有重要地位。作为保护和救济民事权益的责任编，其保护和救济的民事权益不限于民法典总则编第五章规定的民事权益，其他民事单行法中规定的各种民事权益也在保护和救济范围之内。所以，民法典侵权责任编保护和救济的对象不限于民法典上的民事权益，而是对整个私法上民事权益的保护和救济。

二、商法概述

（一）商法的内涵

对于商法的定义，大致有两种不同的界定方式：①把商法界定为调整市场经济关系中商人及其商事活动的法律规范的总称；②把商法界定为调整商事关系的法律。

为进一步理解商法的内涵，理论上还从其他角度加以分析，比如有形式意义的商法与实质意义的商法之分、狭义商法与广义商法之别。形式意义的商法是指民商分立的国家所制定的并冠以“商法典”之名的法律，如法国、德国、日本、比利时、意大利、西班牙、葡萄牙等40多个国家制定的商法典。实质意义的商法，则指调整商事关系的各种法律规范的总称。在世界各国，无论有无商法典，实质意义上的商法都大量存在。如在英美法系国家，虽然不存在民商分立之说，但实质意义上的商法也是存在的。我国目前还没有商法典，只存在实质意义上的商法。

广义商法，是指调整国内和国际商事关系的法律规范的总称，包括国际和国内商事法两种。国内商法，即国内关于调整商事关系的法律规范的总和，由商事公法和商事私法构成；国际商法则是指调整国际商事关系的法律规范，包括有关的国际公约、国际条约和国际惯例等。狭义商法，仅指某个国家国内的商事私法。本书涉及的商法，仅指狭义商法。

（二）公司法

公司是指依照公司法设立的，以营利为目的的企业法人。公司是股权式企业，是由投资者按股出资，按股享受权利、承担责任与风险的企业法人。公司实行有限责任，公司的股东以其出资额或其所持股份为限，对公司承担责任，公司以其全部资产为限，对公司债务承担责任。

公司法是规定公司的设立、组织、活动、终止以及其他对内对外关系的法律规范的总称。我国公司法是1993年12月29日第八届全国人民代表大会常务委员会第五次会议通过的，1999年12月、2004年8月、2013年12月和2018年10月分别进行了四次修正。

公司法的特征主要包括：①公司法是一种组织法；②公司法是一种行为法；③公司法是一种强制性规范较多的法律。除公司法外，其他有关的法律法规、行政规章，最高人民法院关于公司法律制度的司法解释，我国参加和承认的国际条约、地方性法规等，都属于广义公司法。

（三）证券法

证券是指记载并代表一定权利的各类法律凭证的总称，它是用来证明和设定证券持有人有权依照证券所载内容，享有相应的权益的文书。例如，股票、债券、票据、提单、存款单、车票、入场券等都是证券。我国证券法所指的证券是有价证券，有价证券的法律特征如下。

（1）表明持券人享有某种财产权利的凭证。证券作为表示财产权利的证书，体现出权利人财产权利的内容。持券人虽然并不实际占有证券上记载的财产内容，但凭借对证券的持有，即可在法律上享有相关的财产权益。

（2）具有营利属性的凭证。由于我国证券法所规定的证券都属于资本证券，就持券人而言，将其对证券的投入或回收的资金视为投资资本。因此，资本证券体现了资本的增值与风险并存的属性。

（3）可以自由流通的凭证。证券的流通性源于其权利内容的财产性。由于证券记载了持券人享有的所有权或债权，并由此获得股息、红利、利息等收益，所以证券具有流通性，可以自由转让买卖。通过流通，实物资本的虚拟化得以实现。

（四）保险法

保险即投保人按照相关合同的规定，在限定时间内向保险人支付保费，保险人对于被保险人在遭遇死亡、疾病、残疾以及达到合同约定的期限、年龄时，承担给付保险金额责任，或是在合同约定中的事故所造成的财产损害承担赔偿责任的商业保险行为。

保险的标的不仅包括有形的财产和人身，还包括无形资产和责任。但由于无形资产和责任总是与财产和人身联系在一起，因此可以把保险分成财产保险和人身保险。

根据保险实施的形式不同可以把保险分成强制保险和自愿保险。强制保险又称法定保险，这种保险是基于国家政策的需要而产生的，是否保险与当事人的意志无关；自愿保险是指保险双方当事人在平等互利、协商一致的基础上自愿订立保险合同，被保险人自由决定保险与否，保险人也有权决定是否承保。

根据承担责任的次序和方式不同可以把保险分成原保险和再保险。原保险也称第一次保险，是指保险人对被保险人所受到的保险事故损失直接承担风险责任；再保险又称分保险或第二次保险，是指原保险人将其承担的保险责任的一部分或全部再进行投保。

（五）反不正当竞争法

我国反不正当竞争法规定，不正当竞争是指经营者违反本法的规定，损害其他经营者的合法权益，扰乱社会经济秩序的行为。要准确把握不正当竞争的概念，应当明确以下内容。

（1）不正当竞争行为的主体是经营者。我国反不正当竞争法第二条第三款明确规定："本法所称的经营者，是指从事商品生产、经营或者提供服务（以下所称商品包括服务）的自然人、法人和非法人组织。"非经营者不能成为不正当竞争行为的主体。

（2）不正当竞争行为侵犯的是社会经济秩序和其他经营者的合法权益。相对其他经营者而言，凡在市场竞争中通过非正当手段获取优势的行为，都是不正当的，且其他经营者的利益在这种环境下都会受到不同程度的损害。简而言之，其他经营者的利益会因不正当的竞争行为受到或可能受到损害。

（3）经营者有反不正当竞争法规定的不正当竞争行为。反不正当竞争法在我国被分为两类，即广义的反不正当竞争法和狭义的反不正当竞争法。广义的反不正当竞争法主要在于国家方面，是在对国家反不正当竞争，维护自由、维护公平、有效竞争，保护消费者以及其他经营者合法权益的调整过程中所产生的一系列社会关系的法律规范的总称。狭义的反不正当竞争法特指《中华人民共和国反不正当竞争法》，该法于1993年12月1日起正式实施，2017年11月4日第十二届全国人民代表大会常务委员会第三十次会议修订，根据2019年4月23日第十三届全国人民代表大会常务委员会第十次会议《关于修改〈中华人民共和国建筑法〉等八部法律的决定》修正。

（六）产品质量法

1. 产品与产品质量

产品是指人们运用劳动手段对劳动对象进行加工而成，用于满足人们生产和生活需要的物品。我国产品质量法第二条第二款规定，本法所称产品是指通过加工、制作，用于销售的产品。建设工程不适用本法规定。可见，我国产品质量法所确定的"产品"，是指经过加工、制作，用于销售的动产，不包括不动产。

产品质量是指产品满足规定需要和潜在需要的特征和特性的总和。具体而言，主要包括产品的适用性、安全性、性能、卫生性、耐用性、经济性等多方面的内容。从宏观角度来看，产品质量问题也可分为产品不安全和产品不适用两类。这里的产品不安全主要是由产品缺陷引发的，产品不适主要是由产品瑕疵导致的。

2. 产品质量法及其调整范围

产品质量法是为了加强对产品质量的管理，提高产品质量水平，明确产品质量责任，保护消费者的合法权益，维护社会经济秩序而制定的。产品质量法在我国有广义和狭义之分。广义的产品质量法是指由不同立法机关制定的，以产品质量为对象，具有非单层次效力的法律。狭义的产品质量法特指1993年2月22日第七届全国人民代表大会常务委员会第三十次会议通过的《中华人民共和国产品质量法》，该法于1993年9月1日起正式实施。

产品质量法调整的主体包括：①生产者、销售者。即在中华人民共和国境内从事产品生产、销售活动的组织和个人。②用户、消费者。③国家质量管理监督机关。

用于销售且经过加工、制作的产品是产品质量法调整的客体。其中，初级产品、建设工程以及军工产品都不属于产品质量法的调整范围。

（七）消费者权益保护法

消费者权益保护法规定，个人使用商品、生活消费购买或接受服务的自然人统称消费者。它一般具有以下四个基本法律特征。

其一，商品和服务是消费者消费的客体。

其二，购买、使用商品和接受服务是消费者消费的主要方式。

其三，生活消费的本质实际上就是消费者的消费。

其四，作为消费主体的消费者，其主要指个人以及通过购买生活消费品来满足个人消费需要的多元化组织。

对消费者合法权益的保障、经营者经营活动的规范、生活消费关系的调节的法律规范的总称为消费者权益保护法。

《中华人民共和国消费者权益保护法》于1993年10月31日第八届全国人民代表大会常务委员会第四次会议通过，自1994年1月1日起施行，后又经过

2009年8月27日和2013年10月25日的两次修正，是我国保护消费者权益的基本法律。

根据消费者权益保护法的规定，其适用范围如下。

一方面，经营者将相关服务或生产、销售的商品提供给消费者；另一方面，为生活消费需要，消费者需要购买、使用商品或接受服务。此外，农民应参照消费者权益保护法执行购买或直接使用于农业生产的生产资料。

第三节　刑法基础内容

一、刑法的特征

规定刑罚、犯罪、其他罪刑关系的法律即刑法。作为一个独立部门法，刑法往往具有以下几个特征。

（1）刑事法的特征。与行政法、民事法概念相对应，刑事法主要是将犯罪视为规制对象，而后对犯罪进行侦查、认定，并以相关刑罚的裁量、执行与其程序对其进行法律规范的总和。一切与刑事有关的法律都被视为刑事法。作为刑事法的刑法，与刑罚和犯罪有着十分紧密的联系。

（2）公法的特征。私法主要是指涉及私人利益的法律。与私法概念相对应，公法主要指涉及国家或公共利益的法律。作为公法的刑法，个人处于受国家权力支配的法律地位，若主体触犯了刑律，且构成了犯罪，则司法机关将对其进行刑事追究。

（3）强行法的特征。强行法是指必须执行的法律规范，其与任意法概念相对应。只有在先告诉再处理的情况下，强行法才具有任意法的性质。通常而言，基于法律理论中的刑法主要是强行法。

二、刑法的任务

《中华人民共和国刑法》（以下简称刑法）第二条规定：“中华人民共和国刑法的任务，是用刑罚同一切犯罪行为作斗争，以保卫国家安全，保卫人民民主专政的政权和社会主义制度，保护国有财产和劳动群众集体所有的财产，保护公民私人所有的财产，保护公民的人身权利、民主权利和其他权利，维护社会秩序、经济秩序，保障社会主义建设事业的顺利进行。”根据这一规定，我国刑法的任务包括两个方面的内容：①打击犯罪与保护人民的统一；②保障机能与保护机能的统一。打击犯罪与保护人民是手段与目的的关系。刑法的保障机能和刑法的保护机能有一定的差异，前者主要指刑法对无罪者不受法律追究，提供法律保障；后者主要是指刑法可以对违反一定社会关系的犯罪行为进行制裁，并以此达到使社会关系不再受到犯罪侵害的目的。由此可见，刑法的保障机能与保护机能缺一不可，两者不可偏废，具有有机统一的密切关系。

三、刑法学的作用

刑法学是法学的一个重要部门，是社会科学的一个重要分支，也是法学教育的一门核心课程。刑学法是一门重要的部门法学，是研究刑法及其所规定的犯罪、刑事责任和刑罚这些人类社会所特有的，也是最为复杂的现象，探索和总结这些现象发生、发展的规律的人文社会科学。

刑法学是法学科学体系中的一门基础学科，是教育部高等学校法学教育指导委员会确定的法学专业本科生核心课程之一，是各法学专业本科和专科阶段必修的基本法学课程。刑法教学在培养学生法学专业素质方面起着重要的作用，在整个法学专业教育中占有重要地位。

刑法学来源于刑事立法和司法实践，反过来又为刑事立法和司法实践服务。刑法学主要有以下作用。

（1）指导刑事立法。刑事立法，包括制定、修订刑法典和创制特别刑法规范，除了总结实践经验外，很重要的是必须有理论的指导。

（2）促进刑事司法。刑事司法工作最重要的就是弄清犯罪事实，正确适用法律来认定罪名、确定责任和量定刑罚。为了完成此项工作，除熟悉刑事诉讼程序、熟练地掌握证据运用规则外，还有必要学习和研究刑法学。只有这样，才不至于陷入盲目性和经验主义而影响办案质量。

（3）繁荣法学教育，丰富法学研究。刑法学在法学教育中占有重要的地位，刑法教育是法治的重要组成部分。刑法学的教学和研究，也关系到整个法学的繁荣和发展。

对于法学专业的本科生、大专生来说，刑法学是主干课程之一，必须认真学习。进行刑法学的教育，有助于健全和加强社会主义法治建设，有利于培养干部队伍，有利于提高广大干警和公民的法律意识和法治观念，对加强精神文明、促进和谐社会建设都是大有裨益的。

随着刑法学和刑法学界的研究视野不断开阔，研究领域不断拓展，研究水平和质量不断提高，与国外的交流也越来越频繁。这一切，对于走向21世纪的中国法学的繁荣，无疑具有促进作用。

四、刑法的基本原则

刑法作为一门独立的部门法，是一个有机的整体。若干刑法法律规范之间必然存在内在的联系，体现着相同的原理或者准则，这就是刑法的基本原则。它是刑法的灵魂和核心，贯穿刑法法律关系之中，作为刑法的精髓，指导刑法的制定、修改、废除及实施。我国刑法第三、第四、第五条对刑法的基本原则做了规定，研究这些原则，具有重要意义。

（一）罪刑法定原则

罪刑法定原则又称罪刑法定主义，即某一行为是否构成犯罪，构成什么罪，处什么刑，均须由法律预先明文规定，亦即所谓“法无明文规定不为罪”，“法无明文规定不处罚”。刑法第三条规定了罪刑法定原则：“法律明文规定为犯罪行为的，依照法律定罪处刑；法律没有明文规定为犯罪行为的，不得定罪处刑。”罪刑法定原则在刑法中的确立，只是罪刑法定原则的立法化。罪刑法定原则的真正实现，还有赖于罪刑法定原则的司法化，也就是必须在司法活动中切实地贯彻罪刑法定原则。

（二）法律面前人人平等原则

法律面前人人平等是我国宪法确立的社会主义法治原则。刑法第四条明确规定：“对任何人犯罪，在适用法律上一律平等。不允许任何人有超越法律的特权。”

平等适用刑法是保障公民自由，实现法治的要求；也是保护法益的要求；还是预防犯罪的要求；同样也是人们实现价值追求的要求，即得到尊重的欲望。

（三）罪责刑相适应原则

罪责刑相适应原则主要是指犯罪主体的客观侵害性行为与其主观意识的罪过性相结合后，对社会造成的危害程度，同时是衡量犯罪主体再次犯罪危险程度的刑罚尺度。罪责刑相适应原则不仅制约了量刑，也制约了定罪。刑罚的轻重必须与罪行的轻重以及犯罪人的人身危险性相适应是罪责刑相适应原则的要求。如刑法中关于累犯、特别再犯、减刑、假释的规定就体现了这一原则。

刑法第五条明确规定："刑罚的轻重，应当与犯罪分子所犯罪行和承担的刑事责任相适应。"

五、刑法的效力

刑法的效力是指刑法的效力范围，是指刑法在什么地方对什么人在什么时间内具有法律效力，包括刑法的时间效力，即刑法的时间适用范畴和刑法的空间效力，即刑法的空间适用范围。

（一）刑法的时间效力

刑法的时间效力是指刑法从何时起至何时止对特定空间的人所具有的适用效力。刑法的时间效力包括刑法的生效时间、失效时间及是否具有刑法的溯及力。

1. 刑法的生效时间和失效时间

目前，我国刑法的生效时间存在两种规定方式：①自公布起生效；②自公布之日起经过一段时间再施行。这两种规定方式都符合罪刑法定原则的明确性和确定性的要求，相较而言，第二种方式更为科学，更易于被民众接受。因为法规颁布后，有待于民众了解法规的内容，也有待于司法机关做好适用法规的准备。

刑法的失效时间，一般有两种方式：①由立法机关明确宣布原有法规效力终止或失效；②自然失效。新法生效后，与其内容相抵触的旧法全部失效或部分失效，或者因原有的立法条件已消失，旧法自然失效。

2. 刑法的溯及力

刑法的溯及力，也称刑法溯及既往的效力，是指刑法生效后，对于它生效前未经审判或者判决尚未确定的行为是否具有适用效力的问题。如果适用，就具有溯及力；如果不适用，就没有溯及力。这是刑法的时间效力问题中最为根本和最为重要的问题。

各国刑法关于溯及力有不同的规定，主要有以下四个原则。

（1）从旧原则。即适用行为时的旧法，新法一概没有溯及力。该原则否定对行为人有利的新法内容的适用，不利于对行为人的人权的保障。

（2）从新原则。即适用行为后的新法，新法一概有溯及力。该原则与“适用行为时的法”的理念相抵触，违背了罪刑法定原则所要求的事前性、确定性基础上的明确性内涵。

（3）从新兼从轻原则。即以适用新法为主，新法原则上具有溯及力，但在旧法对行为人有利时，即旧法不认为是犯罪或者处刑较轻时，适用旧法。该原则遵循了有利于行为人的原则，但同样违背了罪刑法定原则所要求的事前性、确定性基础上的明确性内涵。

（4）从旧兼从轻原则。即以适用旧法为主，新法原则上没有溯及力，但在新法对行为人有利时，即新法不认为是犯罪或处刑较轻时，适用新法。

从旧兼从轻原则坚持对行为人适用行为时的法律，这符合罪刑法定原则的明文规定要求，同时，坚持在新法不认为是犯罪或者处刑较轻时，应适用新法，这有利于保障行为人的权利和自由，因此，被绝大多数国家刑法采用。我国刑法关于溯及力的规定，亦采用了该原则。

3. 刑法解释的时间效力及其适用原则

刑法解释是指有权的解释主体对法律规范所做出的具有法律效力的解释，主要包括刑法的立法解释和刑法的司法解释。有效的刑法解释以刑法典的存在为前提，依附性是其特质，以此为基点解决有效刑法解释的效力问题的出路，在于刑法解释自产生之日起有效，且效力应追溯到刑法典实施之日，对于刑法典生效之后、有效刑法解释施行之前实施的行为，自然有效，但这不是刑法的溯及力问题，因其本身不是刑法，而是因其依附性自然而然得出的结论。但就目前我国法律适用的现状而言，有效刑法解释特别是司法解释作为定罪量刑的法律依据之一，其法律地位是不可动摇的，最高司法机关作为有权机关对司法解释溯及力及从旧兼从轻适用原则的肯定，是个需要深入探究的问题。

（二）刑法的空间效力

刑法的空间效力，是指刑法在何种空间范围内对何种行为主体具有适用效力，是主权国家刑事管辖权的法律表现形式，而刑事管辖权是主权国家刑法空间效力适用的基础。依据各国刑法及国际条约的规定，一国刑法不仅在本国主权范围内具有管辖权，适用于本国领域内的行为，而且在一定条件下也可以在本国主权范围外具有管辖权，适用于本国领域外的行为，同时，主权国家应履行国际公约义务，对于危害人类生命、财产安全，损害国际关系的国际性犯罪行为，只要罪犯进入本国境内，条约缔约国就有刑事管辖权，进而实现刑法的空间适用效力。

各国基于本国的政治、经济和文化传承等情况，确立刑事管辖权基础上的刑法空间效力的适用原则有所不同。一般而言，有以下四种独立的原则。

（1）属地原则。即以领域为标准，凡在本国领域内实施犯罪行为，无论是本国人还是外国人，都适用本国刑法；反之，凡在本国领域外实施犯罪行为，无论本国人还是外国人，都不适用本国刑法。

（2）属人原则。即以人的国籍为标准，凡是本国人犯罪，无论是在本国领域内还是在本国领域外犯罪，都适用本国刑法。对于属人原则的内容有三个主张：①认为属人原则包括被告人国籍管辖和被害人国籍管辖；②认为属人原则只包括被告人国籍管辖而不包括被害人国籍管辖；③认为属人原则仅指被告人国籍管辖，而被害人国籍管辖不是一个独立的管辖原则。结合保护原则的内容，属人原则应该指第二方面的内涵，即只包括被告人国籍管辖而不包括被害人国籍管辖，若是后者，则涉及保护原则的内容。

（3）保护原则。即以保护本国利益为标准，无论是本国人还是外国人，无论是在本国领域内还是在本国领域外，只要侵害了本国利益，就适用本国刑法。

（4）普遍原则。即以保护国际社会的共同利益为标准，凡发生国际条约规定的侵害国际社会共同利益的犯罪，无论犯罪人是本国人还是外国人，无论犯罪行为发生在本国领域内还是在本国领域外，适用本国刑法。

第四节 行政法基础内容

一、行政法的概念

行政法是一个独立的法律部门，是调整行政关系和与行政相关的社会关系的法律规范的总称，或者说行政法是调整因行政主体行使行政职权而产生的特定社会关系的法律规范的总称。

二、行政法的特征

行政法作为一个独立的法律部门，与其他普通部门法相比，无论是在形式上还是在内容上都有自己的特征。

（一）行政法在形式上的特征

（1）行政法没有统一、完整的法典形式。通常情况下，每个法律部门都有一部相对统一的法典形式，如民法有民法典、刑法有刑法典。由于行政法调整的社会关系极为复杂、广泛且易于变动，难以用统一的法典来兼容各种行政法律规范，因此到目前为止世界各国都未能制定出适用于全部或绝大部分行政领域的统一、完整的行政法典。当然，行政法不能或者难以法典化，并不意味着不可以制定诸如行政组织法、行政程序法、行政赔偿法、行政执行法等部门行政法典，事实上包括我国在内的许多国家已经制定了一系列部门行政法典。

（2）行政法以散见于各种法律法规、规章中的大量规范为其存在形式。在我国，法律、行政法规、地方性法规、行政规章、自治条例和单行条例、有权法律解释、国际条约与协定等都可以是行政法的存在形式，这是由行政法调整的社会关系的特殊性决定的，即只能以不同的规范性法律文件规定不同的行政法规范，以调整不同性质和特点的行政关系，使行政法寓于形式多样的法律文件之中。

（3）行政法实体性规范与程序性规范相互交织，往往共存于同一法律文件之中。一般而言，实体性规范是确认当事人的权利和义务的，而程序性规范是规定当事人行使权利和履行义务所必须遵循的程序，两者有很大的差别。因此在刑事法律和民事法律中，实体性规范与程序性规范早已分离，各自成为独立的法律部门。但在行政法中，行政活动的特点和实现行政目标的要求，使行政权力的取得、行使及对相对人所产生的后果实际上是一个密不可分的过程，因此在一个行政法律文件中往往同时规定实体性规范与程序性规范。

（二）行政法在内容上的特征

（1）行政法内涵丰富、范围广泛、技术性较强。现代国家的行政活动范围极为广泛，不仅包括传统的国防、外交、公安、民政、工商、税务和司法、行政等领域，而且还扩展到了社会福利等社会生活的新领域，这就决定了由行政法调整的社会关系极其广泛。同时由于行政活动有许多是面向未来的创设性活动，或者是对特定专业领域进行管理的活动，因此行政法在规定行政活动的目的、手段和方法时，必须对未来可能发生的情况或有关专业问题进行科学、客观的分析、预测和论证，从而具有较强的专业技术性。

（2）行政法律规范的内容易于变化。行政法调整的社会关系，在任何国家都是最富于活动性、最易于变动的社会关系，这就决定了与其他法律部门相比，行政法律规范的内容更易于变动，尤其是数量较多、地位重要的行政法规、行政规章的变动更为突出。

三、行政法的地位和作用

（一）行政法的地位

行政法在我国法律体系中占有十分重要的地位。

首先，行政法是一个独立的法律部门，它与刑法、民法等一样是构成法律体系最高层次的、独立的法律规范集合体之一。法律体系是由国家各个部门法律组成的协调统一的有机整体。行政法调整对象的特殊性，决定了它与其他法律部门既不能相互代替，也不能相互混淆。

其次，与其他部门法相比，行政法与宪法的关系最为密切，是宪法最重要的实施法。这是因为行政法所调整的社会关系最为广泛、最为重要、最具社会影响力。如果没有行政法，宪法所规定的国家基本政治、经济、文化等社会制度和公民基本权利义务就无法落实，宪法就难以实施。

最后，随着现代社会经济文化的飞速发展，社会公共事务大量增加，行政管理的内容更加丰富，行政法调整的社会关系也在扩展，一些传统上应由刑法、民法调整的对象，正逐步纳入行政法调整的范围，这就使行政法在法律体系中的地位更加突出。

（二）行政法的作用

行政法在社会发展和社会生活中的重要作用主要体现在以下四个方面。

（1）维护社会秩序和公共利益。社会政治、经济、文化的不断发展，在给社会各个领域带来积极效应的同时，也不可避免地会带来一些社会矛盾，并由此产生一系列制约经济发展、损害公共利益、破坏社会秩序的社会问题。而解决这些社会问题主要依赖于行政法律规范。国家行政机关通过行政立法、行政执法和行政司法等行政管理手段，有效地规范和约束社会成员的行为，制止和预防危害社会公共利益的违法活动，维护社会秩序，促进经济发展。

（2）防止行政权力的滥用。行政活动本质上是行使行政权力的活动，而权力是可以强制他人服从的力量。行政权力的行使不仅可以改变或重新确立行政机关与公民、法人或其他社会组织之间的关系，而且可能对后者的合法权益造成损害，因此，对行政权力进行制约和监督，防止其滥用是十分必要的。不受监督的权力必然导致腐败，是早已被反复证实的公理。行政法通过规定行政权力的取得、行使方式、适用范围及由此引起的法律责任等行为规范，实现对行政机关行使行政权力行为的有效监督，防止行政权力被滥用。

（3）保障和提高行政机关的行政管理绩效。行政管理绩效是指行政机关的行政管理活动所取得的积极效果，包括效率、效益和质量。行政管理绩效的实现既需要高质量的行政组织及其工作人员，又需要严格、公正、高效的行政工作程序。行政组织法、公务员法、行政程序法等行政法律规范为此提供了法律保障。行政机关可以依据行政组织法、公务员法的有关规定加强自身建设，提高国家公务员的素质；依据行政程序法的有关规定，公正执法，提高行政绩效。

（4）保障公民、法人和其他社会组织的合法权益。行政法一方面赋予行政机关应有的行政权力，并通过各种途径监督其是否合法、适当地行使，以此来保障公民、法人和其他社会组织的合法权益；另一方面赋予公民、法人和其他社会组织对侵犯其合法权益的行政行为的行政救济权（复议权、诉讼权、请求赔偿权），使其合法权益能够通过相关的法律制度的有效运作得到保护。

四、行政法的基本原则

（一）行政法基本原则的含义和特点

行政法基本原则是指贯穿全部行政法规范，具有指导和制约全部行政立法、行政执法、行政司法和行政法制的监督意义，并体现我国行政法律制度的基本精神的准则。

行政法的基本原则是行政法的灵魂和精髓，是一种高度概括的、体现行政法基本价值观念的基础性规范，是隐含在行政法律规范后面的核心观念。它的基本特点主要表现在以下三个方面。

（1）行政法基本原则具有普遍性。行政法基本原则覆盖行政法的各个领域，指导行政法律制度的各个环节。它既是纷繁复杂的行政法律规范中的统一因素，又是极易变动的行政法律规范中的稳定因素，因此，它具有普遍适用的价值。

（2）行政法基本原则具有特殊性。行政法基本原则是行政法所特有的能够体现行政法基本价值观念的行为准则。它不同于法的一般原则，因此不适用于行政法以外的其他法律规范。

（3）行政法基本原则具有法律性。行政法基本原则对于行政机关的各种行政行为具有直接的法律约束力。换言之，任何行政机关的行政管理活动违反了行政法的基本原则，都会导致直接的法律后果和法律责任。因此，行政法基本原则具有直接调整和规范行政行为的实施和行政争议处理的法律意义。

（二）行政法基本原则的内容

1. 行政合法性原则

行政合法性原则是指行政机关的行政活动必须遵守法律，行政权力的取得和行使必须符合法律的规定，违法者必须承担法律责任。

行政合法性原则中的“法”是广义上的法，它既包括实体法，也包括程序法；既包括权力机关制定的法律，也包括行政机关依授权制定的法规和规章。法规和规章不能与法律相抵触。

行政合法性原则与依法行政原则不能完全画等号。依法行政强调一切行政活动必须以法律为依据，无法明文规定不得为之，无法律即无行政，因此它主要是从形式上反映出行政与法的关系。行政合法性强调一切行政活动必须符合法律，遵守法律，而这种法律既可以是形式上的法律规范，也可以是实质上的法律精神。因此，合法行政的外延大于依法行政，它主要是从实质上反映行政与法的关系。从“依法行政”走向“合法行政”，是行政法治史上的一个飞跃，也是人们对行政法治的要求从形式走向实质的标志。

行政合法性原则的具体要求包括：①实施行政行为的主体必须合法，只有拥有合法地位的行政机关和其他社会公共组织，才能行使行政职权，实施行政活动；②行政行为必须合法，行政机关及其工作人员行使职权，作出行政行为应当严格遵守行政法律规范，不得超越法定权限，违反法定程序，否则其行政行为不具有法律效力；③违法行使行政职权必须承担法律责任，行政机关及其工作人员因违法行政而承担相应的法律责任，包括行政行为被撤销、变更的责任以及行政赔偿责任和有关责任人员承担行政处分责任等，是行政合法性原则得以全面贯彻的重要保证。

2. **行政合理性原则**

行政合理性原则是指行政机关作出的行政行为内容要正当、客观、适度，符合公平、正义。行政合理性原则是因行政自由裁量权的存在与扩大应运而生的，是对行政合法性原则的发展和补充。

由于行政管理活动具有复杂、多样和易变的特点，行政法律规范不可能毫无遗漏地对所有行政活动都作出缜密的规定，因此，行政机关需要享有一定范围和一定程度的自由裁量权。自由裁量权是指行政主体的自行决定权，即对具体行政行为的方式、范围、种类、幅度等的自由选择权。这种行政自由裁量权的行使不仅因受到行政合法性原则的规范和约束而具有一定限度，同时还必须在法定限度内因受到行政合理性原则的规范和约束而公平、适当。

行政合理性原则的具体要求如下。

（1）行政行为必须符合行政目的。法律赋予行政主体某种自由裁量权，包含着行使这项权力的宗旨和目的，如果行政机关实施的行政行为不是为了实现相关的行政目的，而是出于某种私利，即为不合理的行政行为。

（2）行政行为必须公正、适当。行政机关作出行政行为应当按照正当标准，考虑相关因素，排除不相关因素，同等情况同等对待，不偏不倚，客观、适度。

（3）行政行为必须合乎情理。行政机关作出的行政行为不应违背常理、客观规律，而应当一切从客观实际出发，充分考虑其行为的合理性和可行性。

（4）不合理的行政行为应当加以纠正或者撤销。行政监督机关对于不当或者显失公正的行政行为予以纠正或者撤销，对于给公民、法人或其他社会组织造成的损害给予赔偿，从而保证行政主体及其工作人员正确、合理地行使自由裁量权。

行政合理性原则和行政合法性原则互为前提、互为补充，而且处于相互影响和转化之中。行政合法性原则的诸多标准是建立在合理性基础上的。任何行政法律规范的制定和实施都应当符合客观规律，符合正义、公平的理性原则，符合行政的根本目的。随着国家立法进程的推进，原先属于合理性的问题可能会提升到合法性的层次上，如行政奖励的条件和程序，未被立法规定之前属于合理性问题，在立法规定之后则转变为合法性问题。

五、行政法律关系

行政法律关系是指行政机关在行政管理活动中发生的由行政法律规范所调整的各种社会关系。行政法律关系的内容是指行政法律关系的主体在行政法律关系中享有的权利和承担的义务。由于行政法律关系的主体分为行政主体和行政相对人，所以行政法律关系的内容分为两个方面：一方面表现为行政机关的职权和职责，另一方面表现为行政相对人的权利和义务。对于行政机关而言，必须依法行使职权和履行职责。对于行政相对人而言，主要享有参加国家管理的权利、对行政机关进行监督的权利、其合法权益受到国家保护的权利等，同时，也必须履行遵守各种行政管理规范、接受委托代理执行、承担因违法行为而受到的处罚义务等。

行政法律关系具有以下三个特点。

（1）行政法律关系具有单方面性和强制性。在行政法律关系中，行政主体一方处于主导地位，是管理者，依法享有管理权、强制权、制裁权等权力；行政相对人则处于被管理者的地位。行政机关能以自己单方面的行为引起行政法律关系的产生、变更和消亡，而无须双方当事人意思表示一致。如政府发布的戒严令就直接为一定范围的公民设定义务，而无须征得对方同意。当然，行政法律关系中当事人双方的不对等性绝不意味着行政机关可以享有超越法律的特权，相反，行政机关在行使职权时，必须严格遵守法律。

（2）行政法律关系具有法定性和统一性。行政法律关系的内容是法定的，既不能互相约定，也不可以自由选择，如行政处罚关系等。在一般情况下，权利与义务是统一的，具有双重性：既是权利同时又是义务，既是职权又是职责，没有法律依据和法定程序是不能转让和放弃的。

（3）行政主体有处理行政争议的职权。行政法律关系引起的争议通常由行政机关依据一定的行政程序予以解决。只有在行政相对人不服行政解决或法院另有规定的情况下，才能诉诸人民法院，这也是行政法律关系有别于民事法律关系的特点。

六、行政主体

（一）行政主体的认知

1. 行政主体特征

行政主体是指享有行政职权，能以自己的名义从事国家行政管理活动，做出影响行政相对人权利和义务的行政行为，并能独立承担由此产生的行政法律责任的组织。行政主体具有以下法律特征。

（1）行政主体是享有国家行政权力，实施行政活动的组织。并非所有的组织都能成为行政主体，只有行使国家行政权力的组织才能成为行政主体。是否享有国家行政权力、是否可以实施行政活动，是区分行政主体与其他社会组织的关键。

（2）行政主体是以自己的名义实施行政管理活动的组织。以自己的名义是指能够依照自己的意志做出处理决定，能够以自己的名义采取措施。这一特征将行政主体和行政机关的内部管理机构与受行政机关委托执行某些行政管理任务的组织区别开来。

（3）行政主体是能承担其行为所产生的法律责任的组织。一个组织是不是行政主体，还要看其是否能够承担行政活动所产生的责任。如果仅仅是实施行政活动，并不承担所产生的责任，就不是行政主体。如在行政委托中，被委托人的行为所产生的后果不是由其自身承担，而是由委托的行政机关承担。

2. 行政主体与相关概念的区别

为了进一步明确行政主体的概念，必须将行政主体和下列概念区分开。

（1）行政主体与行政机关。行政主体主要是指行政机关，但行政主体不能简单地等同于行政机关。并非所有的行政机关都能成为行政主体，行政机关只有具备一定的条件才能成为行政主体；行政机关并非在所有的场合都能成为行政主体，行政机关只有在行使行政职权，实施行政管理活动时，其身份才是行政主体。

（2）行政主体与行政法主体。行政法主体即行政法律关系的主体，包括双方当事人：一方是作为管理者的行政机关，称为行政主体；另一方是作为被管理者的公民、法人或其他组织，称为行政相对人。行政主体通常是相对于行政相对人而言的，表明其在行政法律关系中所处的地位。因此，行政主体只是行政法主体（行政法律关系的主体）的一方当事人，不能将行政主体等同于行政法主体。

（3）行政主体与国家公务员。国家公务员不是行政主体，只是接受国家的委托，依法执行职务的人员。公务员具有执行职务的权力，但是公务员并不承担由此产生的法律后果。同时，行政主体又离不开国家公务员，行政活动是通过一个个具体的公务员实施的，行政主体即属于由若干公务员组合起来的法律上的人格。

（二）行政机关

1. 行政机关的特征

行政机关是指依照宪法和行政组织法的规定而设置的行使国家行政职权的国家机关。行政机关具有如下法律特征。

（1）行政机关的行为后果归属国家。行政机关是代表国家行使国家权力的国家机关，它在职权范围内的一切行为及其后果都归属于国家。

（2）行政机关对国家权力机关负责。行政机关是国家权力机关的执行机关，由国家权力机关产生，对国家权力机关负责，向其报告工作，并受其监督。

（3）行政机关行使国家行政管理权。行政机关行使的职权是国家的行政管理权，所担负的职能是行政管理职能，因而它不同于行使其他职能的国家机关，如审判机关、检察机关等。

（4）行政机关实行首长负责制。行政机关实行首长负责制是指：国务院实行总理负责制；国务院各部委实行部长、主任负责制；地方各级人民政府实行省长、市长、县长、区长、乡长、镇长负责制。

2. 行政机关的类型

（1）中央行政机关的管辖范围及于全国，包括国务院、国务院各部委、国务院直属机构和国务院办事机构。

（2）地方行政机关包括一般行政区域的行政机关和民族自治地方的行政机关。

（三）国家公务员

国家公务员是指依法履行公职、纳入国家行政编制、由国家财政负担工资和福利的工作人员。现代公务员制度起源于英国，“公务员”一词也是由英文翻译而来的。公务员制度是指国家管理和调整国家与公务员之间职务关系的法律制度。

我国公务员实行职位分类制度。所谓职位分类，是指行政机关的职位以工作性质、责任大小、难易程度及所需任职资格等为标准划分为若干类别和等级，以此作为对公务员的录用、考核、奖惩、升降、培训、工资等方面管理的依据。

目前，我国公务员职位主要有三个类别：综合管理类、专业技术类和行政执法类。我国公务员的职务分为领导职务和非领导职务两大类。

七、行政行为

（一）行政行为的认知

1. 行政行为的特征

行政行为是指行政主体为实现行政管理目标而依法行使行政职权和履行行政职责的法律行为。行政行为具有如下特征。

（1）行政行为是行政主体的行为。行政行为只能由行政主体实施，行政主体包括行政机关、法律和法规授权的组织以及行政机关委托的组织。行政主体以外的国家机关，如国家权力机关、审判机关、检察机关实施的行为不属于行政行为；企事业单位、社会团体非经法律、法规的授权或非经行政机关的委托而实施的行为也不是行政行为。当然，并非行政主体实施的所有行为都是行政行为，但是行政行为一定是行政主体实施的。

（2）行政行为是依法行使行政职权和履行行政职责的行为。行政主体实施的与行政职权无关的行为不是行政行为。国家因管理的需要，依法赋予行政主体特定的行政权力。行政行为就是行政主体实现这种特定权利和义务的方式。行政行为的这一特征将行政行为与行政主体的其他各种行为，如民事法律行为等区分开来。

（3）行政行为是法律行为。行政行为是行政主体就行政管理所发生的直接或间接产生法律效果的行为。不发生行政法律效果的行为不是行政行为。

2. 行政行为的类型

行政行为的表现形式众多，根据不同的标准可以将其划分为不同的类型。

（1）抽象行政行为和具体行政行为。抽象行政行为是指行政机关制定和发布具有普遍约束力的规范性文件的行为，如国务院制定行政法规的行为。抽象行政行为是行政主体行使职权的一种重要形式，具有调整范围广泛的特征；抽象行政行为可以反复适用，具有长期性的特点，对行政相对人权利义务的影响很大，所以抽象行政行为在行政管理中发挥着重要作用。

具体行政行为是指行政主体对特定的对象，就特定的事项作出的处理，如行政许可、行政处罚等。相对于抽象行政行为，具体行政行为具有特定性和直接性，对特定对象的权利义务直接发生影响；具体行政行为没有反复适用性，只能适用一次。

区分抽象行政行为和具体行政行为有着十分重要的意义。抽象行政行为具有普遍的约束力，而具体行政行为只是对特定的对象发生法律效力。另外，抽象行政行为一般不受行政诉讼的司法审查，而具体行政行为一般都可以提起行政诉讼。

（2）羁束的行政行为和自由裁量的行政行为。羁束的行政行为是指法律明确规定了行政行为的范围、条件、形式、程度、方法等，行政机关没有自由选择的余地，只能严格依照法律作出的行政行为。如国家对税率的规定是明确的、具体的，行政机关没有自由裁量权。

自由裁量的行政行为是指法律仅规定了行政行为的范围、条件、程度和种类等，由行政机关根据实际情况决定如何适用法律而作出的行政行为。

（3）要式行政行为和非要式行政行为。要式行政行为是法律、法规规定必须具备某种方式或形式才能产生法律效力的行政行为。如行政处罚必须以书面形式，制作书面行政处罚决定书才能对行政相对人发生法律效力。

非要式行政行为是指法律没有明确规定行政行为的具体形式，行政机关根据实际需要作出各种形式的行政行为。

3. 行政行为的效力

（1）行政行为的确定力。行政行为的确定力是指行政行为一经作出并发生法律效力后，非经法定程序不得任意变更或者撤销。行政行为一旦生效后，行政相对人不得擅自改变或要求改变。行政相对人对行政行为不服，并不直接影响行政行为本身的效力。对具体行政行为不服的，行政相对人有权申请复议或者进行行政诉讼，从而对行政行为的合法性进行审查；对抽象行政行为不服的，一般只能向上级机关或国务院进行反映。

（2）行政行为的拘束力。行政行为的拘束力是指行政行为生效后，作为行政相对人的公民、法人和其他组织以及国家机关都要受该行为的拘束，不能做出与该行为相抵触的行为。

（3）行政行为的执行力。行政行为的执行力是指行政行为一经作出，相对人应当履行，如果行政相对人不履行行政行为，则行政机关有权自己强制执行或者申请人民法院强制执行。

（二）行政立法

行政立法是指有权的行政机关依照法律规定的权限和程序，制定颁布有关行政管理的规范性文件的活动。行政立法包括制定行政法规和行政规章，行政机关制定规章以下的规范性文件的活动不属于行政立法，而是抽象行政行为。

行政立法兼有行政行为和立法行为的属性。一般而言，行政立法的特点包括：行政立法具有普遍的约束力；行政立法是行政机关在职权范围内做出的行为；行政立法必须依照法律规定的程序进行。

创制性立法是指行政机关为了履行法律赋予其的行政职权而对管理对象创制一定规则的立法活动。创制性立法是对法律尚未规定的事项制定规范性文件，确定某种新的权利义务，因而必须严格掌握，非经有权机关的专门授权，行政机关无权制定。

行政立法也是国家的一种立法活动，必须严格遵守行政立法的程序。所谓行政立法的程序，是指国家行政机关在制定行政法规和行政规章的过程中所应遵循的方法、步骤的总称。

（三）行政执法

行政执法是指国家行政机关以及经行政机关授权的其他组织，按照法定职权和程序，实施国家行政管理的活动。换言之，行政执法是行政主体对行政相对人采取的直接影响其权利和义务的行政行为。

行政执法行为必须符合以下四项条件方可生效：①行政执法的主体合法。行政执法的主体必须是依法组成并具有行政执法权力的行政机关或经授权享有行政执法权力的其他组织。②行政执法的内容合法。行政主体必须在法定的职权和权限范围内进行执法活动。③行政执法的程序合法。行政执法必须遵守严格的程序，否则，行政执法就不具备法律效力。④行政执法的形式合法。例如，行政机关及其执法人员当场收缴罚款时，必须向当事人出具省、自治区、直辖市财产部门统一制发的罚款收据。

1. 行政决定

行政决定是指行政机关依法对行政相对人的权利或义务作出的单方处理的行政行为。行政决定是行政执法行为中最常见的方式。

行政决定的表现形式包括：①命令，即行政机关要求行政相对人为一定的行为或不为一定的行为；②指示，即上级机关对下级机关进行原则或具体的工作布置；③审批，即行政机关对行政相对人的申请进行审查和批复；④批准，即行政机关对行政相对人的申请做出肯定的答复；⑤拒绝，即行政机关对相对人的申请做出否定的答复；⑥许可，即行政机关就一般的禁止行为对特定的人或事作出例外性的规定；⑦免除，即行政机关就一般的义务行为对特定的人或事作出例外性的规定；⑧赋予，即行政机关为行政相对人设定行政法上的某种能力、权利或法律地位；⑨剥夺，即行政机关使行政相对人丧失其行政法上的某种能力、一部分或全部的权利或消灭其法律地位；⑩确认，即行政机关对某项尚未最后确立的行政法律关系经审核后予以肯定或者否定；⑪证明，即行政机关肯定某种法律事实或法律关系的存在；⑫通知，即行政机关使行政相对人知悉某种事项。

2. 行政许可

行政许可是指行政机关根据公民、法人或其他组织的申请，经过依法审查准予其从事特定活动的行为。行政许可的法律特征包括：①行政许可是行政主体对行政相对人实施的一种具体行政行为。行政许可是行政主体的具体行政行为，具有特定性和直接性，对特定对象的权利义务直接产生影响，因而不同于民事许可行为，民事许可行为的当事人主体地位是平等的。②行政许可的内容是赋予行政相对人从事某种活动的权利或资格的行为。③行政许可是一种依申请的行政行为。行政机关不能依职权主动进行行政许可，必须以行政相对人的申请为前提。④行政许可是要式行政行为。行政许可一般采用书面证书的形式，如卫生许可证、营业执照等。

3. 行政处罚

行政处罚是指享有行政处罚权的行政机关或经法律、法规授权，经行政机关委托的组织，对违反行政法律规范的公民、法人或其他社会组织实施法律制裁的行政执法行为。

行政处罚和行政处分是两个不同的概念，有着本质的区别。行政处分是国家行政机关对其内部违法失职的公务员实施的一种惩戒措施，是行政机关进行内部管理的一种活动。

（1）行政处罚的特征。行政处罚具有以下三个特征。

第一，实施行政处罚的主体是依法享有行政处罚权的行政主体。其既包括享有行政处罚权的行政机关，也包括经法律、法规授权而取得行政处罚权或经行政机关委托而取得行政处罚权的其他组织。

第二，行政处罚的对象是违反行政法律规范的行政相对人。行政处罚是行政主体对社会进行管理的外部行政行为，因此，行政处罚的对象只能是行政相对人，而不能是和行政主体有隶属关系的工作人员。行政相对人即公民、法人或其他组织，作为外部被管理人，其必须有违反行政法律规范的行政违法行为，这是其被行政主体进行行政处罚的前提。

第三，行政处罚是一种行政制裁手段。行政处罚是国家矫正行政违法行为的一种法律制度，其目的在于对违法者的行政违法行为进行制裁。这种制裁方式是针对行政违法行为的制裁，既不同于民事制裁，也不同于刑事制裁。

（2）行政处罚的原则。行政主体对行政相对人违反行政法律规范的行为作出行政处罚规定时应遵循一定的原则，具体如下。

第一，处罚法定原则。处罚法定原则是指行政处罚必须严格依据法律的规定进行。处罚法定原则是行政活动合法性要求的具体实现，包括四个基本要求：①处罚设定法定；②实施处罚的依据法定；③实施处罚的主体法定；④实施处罚的程序法定。

第二，处罚公正、公开原则。所谓处罚公正原则，是指设定和实施行政处罚必须以事实为依据，与违法行为的事实、性质、情节以及社会危害程度相当。所谓处罚公开原则，是指对违法行为给予行政处罚的规定必须公布；未经公布的，不得作为行政处罚的依据。处罚公开原则是处罚公正原则得以实现的重要保障，只有将行政处罚的设定和实施向社会公开，才能将处罚的全过程置于社会的监督之下。

第三，处罚与教育相结合原则。行政主体在实施行政处罚时，既要对违法行为进行处罚，又要对违法行为人进行说服教育，纠正违法行为，实现惩罚与教育的双重功能。

第四，一事不再罚原则。一事不再罚原则是指行政机关对行政相对人的一个违法行为，不能给予多次处罚。一事不再罚原则包含：①一个行政机关或者多个行政机关不能根据同一法律规范对同一违法行为再次作出处罚；②一个行政机关或者多个行政机关不能根据不同法律规范作出同一种处罚。

4. 行政强制执行

行政强制执行是指公民、法人或者其他组织不履行行政法上的义务，由行政机关或行政机关申请人民法院依法采取必要的强制措施，迫使其履行义务的具体行政行为。

（1）行政强制执行的法律特征。行政强制执行的法律特征包括：①行政强制执行以行政相对人不履行行政法上的义务为前提；②行政强制执行的主体是法律规定的行政机关和人民法院；③行政强制执行的对象范围广泛，包括物、行为以及人身自由；④行政强制执行不允许和解。

（2）行政强制执行的种类。行政强制执行分为间接强制执行和直接强制执行。

①间接强制执行。间接强制执行是指执行机关通过某种间接的强制手段迫使义务人履行义务或达到与履行义务相同的状态。具体又可以分为代执行和执行罚两种。一是代执行。代执行是指当公民、法人或者其他组织逾期不履行义务，而该义务又可以由他人代为履行时，由行政机关或第三人代替义务人履行义务，并向义务人收取代履行费用的强制执行方式。如拆除违章建筑时，人民法院可先请人代为拆除，再由义务人支付费用。二是执行罚。执行罚也称滞纳金，是指当义务人逾期不履行义务，而该义务必须由其本人履行时，行政机关增加义务人财产上新的义务迫使当事人履行义务的强制执行方式。

②直接强制执行。直接强制执行是指义务人不履行义务，行政机关采取间接强制执行方式不能达到目的，或者紧急情况下无法采用间接强制执行方式时，而将强制措施直接作用于义务人的人身或者财产，达到履行义务效果的强制执行方式。直接强制执行是迫使义务人履行义务或达到与履行义务相同状态的最有效的方法，其虽然有利于行政管理目标的实现，但容易侵害义务人的利益，因此直接强制执行在条件和程序上比间接强制执行更为严格。

（3）行政强制执行的方法具体包括以下三种。

①对人身的强制执行方法，具体包括强制拘留、强制传唤和遣送出境。

②对财产的强制执行方法，具体包括加收滞纳金、强制划拨、强制扣缴、强制抵缴、强制拍卖、强制拆除、强制退还、强制变卖财产、强制收购以及扣除工资或扣押财物作抵。

③对行为采取的强制执行方法，具体包括强制许可、强制铲除和强制检定。

（四）行政司法

1. 行政司法的特征

行政司法是指国家行政机关依法对行政争议作出裁决的活动。行政司法具有如下特征。

第一，在行政司法过程中，行政机关与行政相对人之间不是管理与被管理的关系，而是处于争议双方当事人之外的裁决人的地位。

第二，行政司法适用的是一种准司法程序。所谓准司法程序，是指具有司法程序的某些形式（如传唤、讯问、控告、答辩、陈述、听证、辩论、裁决、上诉等），而非完全的司法程序。

第三，行政司法的管辖权仅限于某些案件和争议。

第四，行政司法作出的裁决一般不具有终局性质，当事人如果不服，在多数情况下还可以向人民法院起诉。行政司法制度是解决行政争议（主要是指行政机关与行政相对人之间的争议，行政机关之间的争议由其上级行政机关按普通行政程序解决）的重要途径和方法。行政司法主要包括行政复议、行政仲裁、行政调解等。

2. 行政复议

行政复议是指公民、法人或者其他组织认为行政机关的具体行政行为侵犯其合法权益，向有关行政复议机关提出行政复议的申请，行政复议机关受理申请后，对有争议的具体行政行为进行审查并作出行政复议决定的行政司法活动。

较之其他行政司法活动，行政复议的特征包括：①行政复议只能由作为行政相对人的公民、法人或者其他组织提起，其他主体不得提起；②行政复议的对象原则上只能是行政机关作出的具体行政行为；③行政复议权只能由作出具体行政行为的行政机关的上一级行政机关或法律授权的组织行使；④行政复议是维护公民、法人或者其他组织合法权益的一种程序性权利。

第五节　仲裁法基础内容

一、仲裁法概述

仲裁虽是民间性质的活动，但其行为也需要一定的法律来调整，才能保证其行为的规范性、公正性，这就产生了仲裁法。仲裁法，就是指国家制定或确认的，仲裁机构、仲裁员、当事人和其他仲裁参与人在仲裁纠纷的活动中必须遵守的法律规范。从性质上看，仲裁法属程序法，是调整仲裁活动中行为的规则，且是一个独立存在的部门法。

仲裁法从内容上看，有广义和狭义之分。广义的仲裁法，又称为形式意义的仲裁法。是指国家制定或认可的一切有关仲裁的法律规范，即除包括仲裁法典外，还包括其他法律、法规中有关仲裁的规范。狭义的仲裁法，专指仲裁法典，即国家制定的专门调整仲裁活动和关系的法律。实务中常用的也就是仲裁法典之外的仲裁规范，故又将其称为实质意义的仲裁法。

广义的仲裁法各国都有，但狭义的仲裁法则不一定各国都有，即不一定每个国家都有独立存在的仲裁法典。例如，德国的仲裁法规定在民事诉讼法中，其第十编“仲裁程序”即仲裁法。法国的仲裁法规定在《法国民事诉讼法典》中，其“第四卷仲裁”即仲裁法。日本的仲裁法规定在日本民事诉讼法中，其第八编“仲裁程序”即仲裁法。

仲裁法有国内立法和国际立法之分。国内立法是指一个国家制定的有关仲裁的法律规范。它只适用于制定国国内。现在，世界许多国家都有国内仲裁法。国际立法，是指国家或地区之间订立的有关仲裁的国际公约、多边条约、双边条约和国际社会为谋求各国仲裁立法统一，所制定的国际商事仲裁示范法等。国际立法适用于公约、条约的各缔约国和参加国。例如，1958年的《纽约公约》、1965年的《关于解决国家和他国民之间投资争议的公约》、1985年的《联合国国际贸易法委员会国际商事仲裁示范法》等，就属于国际仲裁立法。

世界各国的社会制度虽有所不同，但仲裁立法的内容却大体相似。不论是国内立法还是国际立法，一般都规定有以下内容。

（1）仲裁的基本原则制度，如自愿原则、协议仲裁、或裁或审、一裁终局和不公开审理等。

（2）仲裁协议，包括仲裁协议的订立、内容及效力等。

（3）仲裁程序，包括申请、受理、仲裁庭的组成、审理、裁决、执行、司法协助等。

（4）仲裁各方主体的权利义务，包括仲裁机构、仲裁庭、仲裁员、申请人、被申请人、代理人等的权利义务。

（5）仲裁与司法的关系，即法院对仲裁制度的保障与监督等。

二、仲裁与行政裁决的关系

行政裁决，是指行政机关基于法律的授权，对公民、法人和其他组织之间发生的争议，按照一定的程序作出裁决的行为。行政机关的裁决，是行政机关的行政行为，具有行政性质。它与仲裁相比，二者有相似之处：一是均以解决业已存在的争议为目的，二是均可以对当事人双方间的争议进行调解。但是，二者又有以下明显的区别。

（1）性质不同。仲裁属民间性质，是准司法活动。行政裁决是行政行为，属行政性质，是行政司法活动。

（2）解决争议的主体及其权力来源不同。仲裁解决争议的主体是仲裁委员会，其管辖权源于当事人双方的约定。行政裁决争议的主体是国家行政机关，其管辖权源于国家法律的授权。

（3）解决争议的范围不同。仲裁争议的范围，包括合同纠纷和其他财产权益纠纷，范围十分广泛。行政裁决的范围，则是以行政机关与行政相对人之间发生的侵权行为所造成的损害赔偿纠纷和权属争议，对合同纠纷和一般的财产权益纠纷不予受理。

（4）管辖不同。仲裁机构的设立没有级别、地域的限制，即仲裁机构受理案件没有级别管辖、地域管辖之分，具体的纠纷由何仲裁机构受理，是依当事人双方自愿达成的仲裁协议而定。行政机关则有上下级和地域之分，不同的行政机关其职权范围又有所不同。因此，行政裁决只能在自己的行政管理活动范围内，对与自己的行政管理活动相关的纠纷进行裁决，并且在具体确定管辖时还要考虑符合级别管辖和地域管辖的规定。

（5）程序不同。仲裁适用仲裁法和仲裁规则，仲裁程序的发生以仲裁协议为基础，经当事人提出申请开始。行政裁决则因各行政机关的职能不同，解决纠纷的程序也各不相同。行政裁决程序的发生，既可依当事人的申请开始，也可由主管行政机关依职权开始。

（6）适用的法律不同。仲裁适用仲裁法和有关法律法规。行政裁决则适用各有关行政法律法规。

（7）裁决的效力不同。仲裁裁决有终局性，裁决书送达当事人即发生法律效力，当事人不得对其提起上诉。行政裁决一般不具有终局性，当事人对裁决不服，有的可申请上级行政机关处理，有的可诉诸法院通过诉讼程序解决。

综上所述，仲裁与行政裁决属于两种性质完全不同的解决争议的制度，并且二者的联系甚少，行政裁决主要集中在行政机关与行政相对人之间的侵权赔偿纠纷。对于这类纠纷，依法应由行政机关直接受理的，当事人不得选择仲裁。即使当事人向仲裁机构提出申请，仲裁机构也不得受理。对于不属行政机关直接受理，而必须经当事人向行政机关申请行政机关才能裁决的争议，当事人可以协议向仲裁机构申请仲裁。一旦选择了仲裁，当事人就不能再申请行政裁决。如果当事人既协议选择行政机关裁决，又协议选择仲裁机构仲裁，这种相互排斥的协议应无效，视为当事人双方没有达成协议。

三、仲裁与人民调解的关系

（一）仲裁与人民调解的联系

人民调解，是指人民调解委员会依据人民调解条例的规定，对民间纠纷进行调解的一种制度。仲裁与人民调解制度有相同之处，表现如下。

（1）性质基本相同。人民调解委员会是在基层人民政府和基层人民法院指导下的，调解民间纠纷的群众性自治组织。它设在居民委员会或村民委员会内，其性质是群众性自治组织，与仲裁机构一样都具有民间性。

（2）解决争议的方式有相同之处。二者都是由当事人自愿选择的仲裁员或者人民调解员，作为第三方居中处理当事人双方间的争议。仲裁解决争议可用调解方式解决，也可用裁决方式解决。对于仲裁当事人双方自愿达成调解协议的，则制发调解书，结束仲裁，这与人民调解基本相同。

（3）调解不成的可选择仲裁解决争议。经人民调解委员会调解，达不成调解协议的争议，当事人可以协商选择仲裁，通过仲裁途径解决争议。但是，选择了仲裁就不能将争议诉诸法院，即不能既选择仲裁又选择诉讼。

（二）仲裁与人民调解的区别

（1）人民调解较仲裁具有更大的随意性。人民调解委员会调解纠纷没有法定的程序规则，只有人民调解条例可遵循。调解中当事人一方不愿调解的，可以随时终止调解，人民调解委员会不得强迫当事人继续参加调解。仲裁的程序虽然较灵活，但仲裁法对仲裁程序有明确规定。当事人双方和仲裁庭都不得违反仲裁法有关仲裁规则的规定，均要受其约束，当事人单方不得随意改变或终止仲裁程序。

（2）人民调解达成的调解协议较仲裁具有更大的不受法律约束性。人民调解委员会调解纠纷可以不受法律、法规的约束，更多的是尊重当事人的处分权，即只要双方当事人互谅互让、协商一致，就可达成调解协议，不必考虑法律、法规的适用和要求。仲裁则必须根据国家法律、法规的规定作出裁决或调解协议，必须遵守公平与正义的原则。

（3）人民调解争议的范围较仲裁宽。人民调解委员会是对民间纠纷进行调解，这既包括民事经济纠纷，也包括轻微的刑事违法行为产生的纠纷。仲裁则只能对合同纠纷和其他财产权益纠纷进行仲裁。

（4）人民调解的效力不具有强制执行性。人民调解达成的调解协议，当事人应当履行；当事人不履行的，不能向人民法院申请强制执行，即调解协议不具有强制执行性。仲裁裁决或经仲裁达成的调解协议，当事人则必须履行；如果一方当事人不履行仲裁裁决书或调解书，对方当事人则可以依法向人民法院申请强制执行。

四、仲裁规则

（一）仲裁规则的概念和意义

仲裁规则，是指规范各仲裁主体的权利和义务，以及仲裁进行所应遵循的具体程序规则。

仲裁规则为具体的仲裁活动提供了行为准则，对保障仲裁活动的顺利进行有以下重要意义。

（1）为仲裁当事人提供了一套科学、系统而又方便的运用仲裁解决争议的程序。仲裁规则是由仲裁机构组织有关仲裁方面的专业权威人士在反复调查研究和总结经验的基础上制定的，既具有一定的稳定性和较强的逻辑性，又具有一定的灵活性，便于当事人通过仲裁有效地解决纠纷。

（2）为仲裁机构进行仲裁活动提供了适用的程序规则。仲裁机构对争议进行仲裁有了具体的程序规则，并按当事人选择适用的仲裁规则进行仲裁，就能保证仲裁的公正性、有效性。

（3）为仲裁机构和当事人提供了程序上的权利义务规范。

（4）为法院对仲裁的保障和监督提供了参照依据。

（二）仲裁规则与仲裁法的关系

仲裁规则与仲裁法既有联系，又有区别。其联系主要表现为：从内容上看，二者均对仲裁各主体间的权利义务关系，以及仲裁的程序作出规定，有许多相同或相似之处。具体来说，一个国家的仲裁法的某些规定，往往与这个国家的某种仲裁机构的仲裁规则，或者与外国某仲裁机构的仲裁规则的内容相雷同。仲裁规则不能与仲裁法相抵触，相抵触的仲裁规则无效，应按仲裁法执行。因此，仲裁机构制定仲裁规则，必须以仲裁法为依据。但是，仲裁规则与仲裁法又有明显的区别，表现如下。

（1）性质不同。仲裁规则通常是某个仲裁机构的法律文件，是各仲裁主体进行仲裁活动的具体操作规程，属“民间立法”，不具有国家立法的性质。仲裁法则是国家立法，由国家制定。

（2）效力不同。仲裁规则只适用于订立该规则的仲裁机构所受理的案件，对其他仲裁机构仲裁争议无约束力，并且往往反映着当事人的意志，即它不具有普遍适用的效力和强制力。仲裁法则普遍适用于制定该法的国家境内所有仲裁机构受理的案件，仲裁法中的强制性规定的适用，无须经当事人协商同意，当事人无权排除仲裁地所在国仲裁法中强制性规定的适用。

（三）仲裁规则的制定

（1）常设仲裁机构与临时仲裁机构仲裁规则。仲裁机构因有固定常设的仲裁机构和临时设立的仲裁机构之分，其仲裁规则的订立也就有差别。临时仲裁机构未制定仲裁规则，是由当事人自行创设或选择仲裁程序，当事人也可授权仲裁庭自选程序。在国际商事仲裁中，还可参考《联合国国际贸易法委员会仲裁规则》。固定常设的仲裁机构，该仲裁机构一般都自行制定有仲裁规则。在制定仲裁规则时，通常是先进行调查研究，聘请专家起草草案，广泛征求各方人士对草案的意见，然后经过一定的程序通过，正式公布施行。由于这样产生的仲裁规则经受了较长时间的考验，内容较为全面周到，能够保障仲裁程序的顺利进行，也便于当事人在仲裁协议中援引。即使在仲裁规则有所不及等情况下，仍能给予当事人协议的自由。但由于仲裁规则的不同，其自由度有所区别。目前，世界许多国家都是仲裁机构仲裁，都有既定的仲裁规则。临时仲裁虽然能充分体现当事人的意思自治，但精通商事的当事人如无仲裁机构的协助，很难制定出内容周到、程序合理的仲裁规则。因此，临时仲裁机构在各国极少。

（2）国内仲裁与涉外仲裁的仲裁规则。就机构仲裁来讲，可以分为国内仲裁与涉外仲裁。

国内仲裁，一般都有统一的仲裁规则，即一个国家设立的许多仲裁机构，其仲裁规则应是相同的。

在涉外仲裁或国际商事仲裁中，各仲裁机构都有自己的仲裁规则，并在其中规定，凡当事人同意将其争议提交本仲裁机构仲裁的，均视为同意按本仲裁机构的仲裁规则进行仲裁，即必须遵循该仲裁机构的仲裁规则。这就是说，在该机构仲裁的情形下，当事人一般无权选择仲裁规则。但是，有的国家的仲裁机构也允许双方当事人自由选择他们认为合适的仲裁规则。例如，在瑞典进行仲裁就可以约定不采用瑞典的仲裁规则。还有的国家的仲裁机构允许双方当事人可以对其仲裁规则进行修改、补充，以此作为该仲裁机构仲裁审理该案的特定规则。

（3）仲裁规则的内容。仲裁规则通常包括：仲裁管辖，仲裁机构，仲裁申请和答辩，反请求程序，仲裁庭的组成程序，审理程序，裁决程序，仲裁机构、仲裁员、仲裁当事人、代理人在这些程序中的权利义务，以及语言使用、翻译、文书往来与送达、仲裁费用等内容。

第六节　民事诉讼法基础内容

一、民事诉讼法的概念

法律是调整社会关系的规范，经过法律调整的社会关系转变为法律关系，在法律关系中，利益被转化为权利与义务。民事诉讼法是调整民事诉讼社会关系的法律，是国家制定和认可的，用以调整人民法院和诉讼参与人在民事审判中所进行的诉讼活动，以及由此而产生的诉讼关系的法律规范的总和。

从立法角度看，人类社会中的民事诉讼活动是制定民事诉讼法的现实基础，民事诉讼法应当满足人们公正、高效解决民事纠纷的目的；在司法实践层面，我们眼中的民事审判个案则完全相反，民事诉讼活动受到民事诉讼法的规范、调整，并因为其调整而形成了静态的法律关系。因此，从不同角度看，民事诉讼活动与民事诉讼法是相互联系、相互作用的。除基本法律外，全国人大还对民事诉讼法律程序作出了立法解释，最高人民法院通过制定司法解释对民事诉讼进行具体化的、适用性的解释，除这些法律规范外，对民事诉讼产生实际影响的还有最高人民法院针对各省高级人民法院关于个案或者关于司法解释理解请示的批复，以及最高人民法院、最高人民检察院等机关关于民事诉讼法实施的会谈纪要等文件。

二、民事诉讼法的任务

顾名思义，民事诉讼法的任务就是国家立法机关制定民事诉讼法的目的，是赋予民事诉讼法律执行机关解决民事纠纷的出发点和落脚点。我国民事诉讼法的任务或者说民事诉讼法的立法目的直接体现在民事诉讼法的规定之中，《中华人民共和国民事诉讼法》（以下简称民事诉讼法）第二条规定，中华人民共和国民事诉讼法的任务，是保护当事人行使诉讼权利，保证人民法院查明事实，分清是非，正确适用法律，及时审理民事案件，确认民事权利义务关系，制裁民事违法行为，保护当事人的合法权益，教育公民自觉遵守法律，维护社会秩序、经济秩序，保障社会主义建设事业顺利进行。从该规定可以看出，民事诉讼法的任务有以下几个方面的含义。

第一，民事诉讼法的最终目的是维护社会秩序、经济秩序，保障社会主义建设事业的顺利进行。我国民事诉讼法的最终目的体现了立法者的价值取向，一部法律应该发挥其调整社会关系，教育并引导公民自觉知法守法，从而形成良好的社会法治环境。只有做到这点，一部法律才能实现其社会功能，对全社会产生影响，造福全体人民。

第二，民事诉讼法的任务是确保在个案中，当事人的合法权益能够得到保护。民事诉讼的启动是当事人发起的，在当事人为保障自己的权益启动民事诉讼时，其不仅是民事诉讼的发动者，是诉讼权利义务的直接享有者和承担者，还是诉讼结果的直接承受者。由于民事诉讼结果与当事人的切身利益直接相关，民事诉讼法将保护当事人行使诉讼权利作为直接任务，这一任务是建立在人权保障理论的基础之上的，具体到民事诉讼中，体现为公民的诉权保障。

第三，民事诉讼法的任务还要求在个案中，人民法院能够正确行使审判权。正确行使审判权要求法院能够查清案件事实，正确适用法律。这是审判机关的职责所在，也是审判机关实现民事诉讼法保障公民诉讼权并最终实现维护社会正常秩序的方法。查明事实是分清是非、正确适用法律的前提，人民法院在查明事实的基础上，根据其专业知识选择法律，并根据法律的规定作出判断。

因此，人民法院的审判工作应该将案件事实查明作为工作的重点，当案件事实无法按照民事诉讼法律程序查明时，人民法院只能按照民事诉讼法规定的规则分配举证责任，并根据优势证据原则认定事实。人民法院在认清案件事实的基础上，根据实体法的规定，确认民事权利义务关系，制裁民事违法行为，保护当事人的合法权益。

三、民事诉讼法的基本原则

（一）共有原则

共有原则是民事诉讼法与其他诉讼法共有的原则，包括民事案件审判权由人民法院统一行使；人民法院依照法律规定对民事案件进行独立审判；以事实为依据，以法律为准绳；对当事人适用法律一律平等；两审终审；公开宣判；合议制度；回避制度；使用民族语言文字；人民检察院实行法律监督；民族自治地方可以制定变通、补充规定等。

（二）特有原则

（1）诉讼权利平等原则、同等原则和对等原则。民事诉讼法第八条规定，民事诉讼当事人有平等的诉讼权利。该原则包含：双方当事人的诉讼地位完全平等；双方当事人有平等行使诉讼权利的手段，同时人民法院平等地保障双方当事人行使诉讼权利；对当事人在适用法律上一律平等。

民事诉讼法第五条第一款规定：外国人、无国籍人、外国企业和组织在人民法院起诉、应诉，同中华人民共和国公民、法人和其他组织有同等的诉讼权利义务。这一规定表明，我国法律对在人民法院进行民事诉讼的外国人、无国籍人、外国企业和组织，赋予他们同我国公民、法人和其他组织同等的诉讼权利义务，这就是同等原则。

我国法人、公民、其他组织民事诉讼权被外国法院加以限制的，人民法院对该国企业、公民、其他组织的民事诉讼权同样采取相应措施予以限制就是所谓的对等原则。

（2）调解原则。民事诉讼法第九条规定：人民法院审理民事案件，应当根据自愿合法的原则进行调解；调解不成的，应当及时判决。该原则包含：人民法院受理民事案件后，应首先进行调解，如果能进行调解的，就不应采用判决的方式；调解原则贯穿整个诉讼过程，包括开庭审理前，辩论结束后，一审、二审和再审程序都可以进行调解；法院调解应遵循自愿和合法的原则，调解不成，应当及时判决。

（3）辩论原则。民事诉讼法第十二条规定：人民法院审理民事案件时，当事人有权进行辩论。辩论原则的内容主要包含：民事诉讼的辩论，是在人民法院的主持下进行的，参加者是当事人双方及依法享有辩论权的诉讼代理人；辩论权的行使贯穿诉讼的整个过程；辩论的内容，是案件事实及争议的问题，包括案件的实体性问题、程序性问题和证据问题；辩论的形式具有多样性，有书面形式和口头形式。

（4）诚实信用原则。当民事诉讼中的当事人或其他诉讼参与人在民事诉讼中行使诉讼权利或履行诉讼义务，或民事诉讼中的法官行使国家审判权进行审判行为时，应遵循诚实、守信、公平、公正的原则，即民事诉讼法的诚实信用原则。主要包括：如实陈述的义务、促进诉讼的义务、禁止以欺骗方法形成不正当诉讼状态、禁止反言、禁止滥用诉讼权利。

（5）处分原则。民事诉讼法第十三条规定：当事人有权在法律规定的范围内处分自己的民事权利和诉讼权利。处分即自由支配，对于权利可以行使，也可以放弃。其内容包括：处分权是双方当事人都享有的，当事人在整个诉讼过程中都可以依法行使处分权；当事人可以对自己享有的民事权利和民事诉讼权利进行处分；当事人对自己的权利进行处分，必须符合法律规定，不能侵害国家、集体和他人的合法权利。

（6）支持起诉原则。民事诉讼法第十五条规定：机关、社会团体、企事业单位对损害国家、集体或者个人民事权益的行为，可以支持受损害的单位或者个人向人民法院起诉。支持起诉应具备三个要件：①支持起诉的主体是机关、团体、企业事业单位，公民个人不能支持他人起诉；②支持起诉的前提是法人或者自然人有损害国家、集体或者个人合法民事权益的违法行为；③必须是受损害的单位或者个人基于某种原因未能向人民法院起诉。

第七节 行政诉讼法基础内容

一、行政诉讼法的概念

行政，在英语中是治理、管理和执行事务的意思，行政与施政是同义词。在当代行政法学意义上，行政的含义有各种各样的界定。行政诉讼法是调整规范行政诉讼活动的法律规范的总称。它是规定人民法院和诉讼参与人的诉讼活动程序，是规范各种行政诉讼行为、调整行政诉讼关系的程序性法律规范，也是我国法律体系中的一个重要法律部门。

行政诉讼法作为规范行政诉讼行为、调整行政诉讼关系的程序法，与行政程序法不同。前者是法院审理行政案件的程序依据，是事后救济程序；后者主要是行政主体行使行政职权、实施公务行为的依据，是关于行政行为的程序法，包括事前、事中和事后全部程序。

我国行政诉讼法的渊源主要有以下七种。

（1）宪法中有关行政诉讼的规定。

（2）行政诉讼法典。

（3）民事诉讼法典中有关的程序规范。

（4）人民法院组织法和人民检察院组织法中有关审判组织、审判程序及法律监督的规定。

（5）各种单行法律、法规中有关行政诉讼的规定，如《中华人民共和国治安管理处罚法》中关于被处罚者提起行政诉讼的期限和条件的规定。

（6）国际条约和协定中有关行政诉讼的规定。法院在审查涉外行政诉讼案件时，要适用我国参加的有关国际条约和行政协定。

（7）正式有效的法律解释。如全国人民代表大会有关行政诉讼的立法解释等。

我国行政诉讼法适用于我国国家主权所及的一切空间领域，包括我国的领土、领水以及领土延伸的所有空间，但是存在两个例外：一是香港、澳门特别行政区不适用我国内地的行政诉讼法；二是有关行政诉讼的地方性法规和自治条例、单行条例只能在本行政区域内适用。我国行政诉讼法对人的效力采用属地原则。凡是在我国领域内进行行政诉讼的，无论当事人是否具有中国国籍，都适用我国行政诉讼法。但是，我国缔结或参加的国际条约对外国公民的权利作了特殊规定的，适用该规定。

二、行政诉讼法的基本原则

行政诉讼的基本原则是由行政诉讼法所规定的，用以指导整个行政诉讼活动或者行政诉讼主要阶段的活动的基本准则。

（一）共有原则

行政诉讼作为三大诉讼活动之一，与民事诉讼、刑事诉讼有一些共有的原则，以下八项内容是共有原则所包含的基本内容：人民检察院实行法律监督原则；人民法院依法独立行使行政审判权原则；当事人法律地位平等原则；以事实为根据，以法律为准绳原则；两审终审原则；辩论原则；使用本民族语言文字进行诉讼原则；合议、回避、公开审判原则；人民检察院实行法律监督原则。

（二）行政诉讼的特有原则

1. 审查具体行政行为合法性原则

行政诉讼法第五条规定，人民法院审理行政案件，对具体行政行为是否合法进行审查。这一规定确认了人民法院对具体行政行为的司法审查权，规定了行政诉讼的客体和对象，确定了人民法院审查行政行为合法性的范围，指明了人民法院审查行政行为合法性的依据和标准。

（1）审查对象。司法权对行政权的制约必须在法律授权范围内，具体而言，行政诉讼中司法审查的对象是被诉的行政行为。

（2）审查依据。行政诉讼中人民法院进行司法审查的依据是法律、行政法规和地方性法规。地方性法规适用于本行政区域内的行政案件，规章可以参照适用。

（3）审查内容。法院对被诉行政行为的审查不是无限制的审查，而是在一定的限度内进行审查。根据这一原则，审查的内容是行政行为是否合法。人民法院审查行政行为合法性的具体内容包括：行政机关是否享有作出行政行为的权限，是否超越法定的职责权限；行政行为的证据是否确凿充分、事实是否清楚；行政行为适用法律依据是否正确；行政行为程序是否合法；行政行为的目的是否合法；行政行为是否明显不当。

2. 不适用调解原则

不适用调解原则是指人民法院审理行政案件，既不能把调解作为行政诉讼过程中的一个必经阶段，也不能把调解作为结案的一种方式。法院审理行政案件之所以不能适用调解原则，是因为法院审理行政案件是对行政行为的合法性进行审查，行政机关作出行政行为是其行使法定职权的表现，对这种法定职权，行政机关不得放弃也不能随意处分，否则即构成失职。因此，行政机关作出的具体行政行为或者合法，或者违法，没有第三种可能。

需要注意的是，基于行政机关、行政补偿、行政赔偿行使的法律、法规规定的自由裁量权的案件可以进行调解，但应当遵循不损害国家利益、不损害社会公共利益、不损害他人合法权益，遵循自愿、合法原则进行调节。

3. 被告负举证责任的原则

当原告要求被告对其所作出的行政行为负举证责任时，在行政诉讼中，被告应当积极配合提供作出该行政行为所依据的规范性文件和证据。倘若被告无正当理由逾期提供证据或不提供证据，被视为没有相应证据。原告可提供具有法律依据的被告人违法行为证据，若原告提供的证据不成立，将不免除被告举证责任。

4. 不停止被诉行政行为执行的原则

这是由行政权力的特点决定的，同时也是为了维护行政管理秩序的需要，在行政诉讼期间不停止行政行为的执行，但是，也有例外规定，具体是：被告认为需要停止执行的可以停止执行；人民法院根据原告的申请或者依据职权，认为该行政行为的执行会给原告造成难以弥补的损失，而且停止执行不违背社会公共利益的，可以停止执行；有关法律、法规规定可以停止执行的，如《中华人民共和国治安管理处罚法》规定，在当事人提供担保人或者交纳保证金以后，原处罚决定在诉讼期间可以停止执行。

5. **选择复议原则**

选择复议原则，即在法律法规没有明确规定必须经过复议的情况下，当事人对行政处理决定不服时，既可以向上一级行政机关或者法律规定的特定机关申请复议，对复议决定不服，再向法院起诉，也可以不经复议直接向法院起诉。在我国，原则上复议不是进行行政诉讼的必经程序，是否经过复议，由当事人自己选择。

第八节　刑事诉讼法基础内容

一、刑事诉讼法的概念

刑事诉讼法是国家制定或认可的，由专门机关和诉讼参与人进行刑事诉讼活动的法律规范的总称。它是专门机关办理刑事案件的主要依据，也是当事人及其他诉讼参与人在刑事诉讼活动中享受权利和履行义务的法律依据。

在刑事诉讼理论上，刑事诉讼法的概念有广义和狭义之分。广义的刑事诉讼法，是指有关刑事程序的全部法律规范。它包括国家有关机关制定的一切法律、法规、条例、规定和司法解释中有关刑事诉讼程序的规范。狭义的刑事诉讼法是单指一部统一的成文的刑事诉讼法。我国现行的刑事诉讼法是2018年10月26日修订的版本。

二、刑事诉讼法的制定目的

《中华人民共和国刑事诉讼法》（以下简称刑事诉讼法）第一条规定，为了保证刑法的正确实施，惩罚犯罪，保护人民，保障国家安全和社会公共安全，维护社会主义社会秩序，根据宪法，制定本法。众所周知，犯罪是一种具有严重社会危害性的行为，它侵犯公民的合法权利、危害国家安全、破坏经济建设、破坏社会秩序。为了遏制犯罪、维护社会秩序，也为了公正、合法、有效地追诉犯罪，国家制定了一系列的法律，其中就包括刑事诉讼法。从现行立法的规定可以看出，制定刑事诉讼法的目的包括三个方面：一是保证刑法的正确实施；二是惩罚犯罪、保护人民；三是保障国家安全和社会公共安全，维护社会主义社会秩序。

三、刑事诉讼法的制定任务

我国刑事诉讼法的立法目的与任务是密切联系的。前者从宏观着眼，后者则规定了具体应完成的任务。刑事诉讼法第二条规定，中华人民共和国刑事诉讼法的任务，是保证准确、及时地查明犯罪事实，正确应用法律，惩罚犯罪分子，保障无罪的人不受刑事追究，教育公民自觉遵守法律，积极同犯罪行为作斗争，维护社会主义法制，尊重和保障人权，保护公民的人身权利、财产权利、民主权利和其他权利，保障社会主义建设事业的顺利进行。对于我国刑事诉讼法的任务，可做如下理解。

（1）保证准确、及时查明犯罪事实，正确应用法律，惩罚犯罪分子。所谓准确地查明犯罪事实，主要指两个方面：一方面，要求公安、司法机关必须实事求是，一切从实际出发，重证据、重调查研究。特别是要客观、全面地收集各种证据，准确地审查、判断证据，以查明案件事实。另一方面，要求对犯罪嫌疑人、被告人的行为定性准确，做到犯罪事实清楚，证据确实充分。同时，不能在证据不足、事实不清时草率地下结论。

所谓及时，就是要求公安、司法机关严格遵守法定的诉讼期限，尽快完成案件的处理工作。为了保证及时办案，刑事诉讼法对于侦查、起诉、审判程序以及拘留、逮捕等强制措施都有明确的期限要求，公安、司法机关必须严格遵守，不得随意延长。准确和及时是辩证的统一，二者不可偏废。准确是目的，是前提，是对案件质的要求；及时是手段，是对案件时间量的要求。

（2）保障无罪的人不受刑事追究。打击犯罪、保障无辜，是刑事诉讼法任务的两个方面。这要求在保证刑法实施、惩罚犯罪分子的同时，要注意保障无罪的人不受刑事追究。为了保障无罪的人不受刑事追究，要做到如下五点。

第一，要求公安、司法机关必须严格依照法定程序、制度办理案件，纠正“重实体、轻程序”的错误观念。

第二，在刑事诉讼过程中，要切实保障诉讼参与人的各项诉讼权利，特别是要注意保障犯罪嫌疑人、被告人依法享有的辩护权、上诉权等重要权利。

第三，维护司法独立，确保司法机关能够独立、中立地依法、依程序来审理各种刑事案件，同时应加强对诉讼程序的监督。

第四，贯彻“实事求是，有错必纠”的原则，一旦发现在认定事实或者适用法律上确有错误，应当依照正当程序加以纠正。

第五，实行“疑罪从无”原则。由于案件事实本身的复杂性，侦查技术设备、手段的局限性和办案的期限性，疑难案件的存在是必然的。对于证据不足、不能认定犯罪事实的案件，应当实行“疑罪从无”的原则，在侦查、起诉和审判阶段应当分别作出撤销案件、不起诉和无罪判决的裁定。

（3）教育公民自觉遵守法律，积极同犯罪行为作斗争。在惩罚犯罪、保障无辜的同时，刑事诉讼的运行也要兼顾一些社会效应。这包括：①通过惩罚犯罪、教育公民养成守法的习惯，使得那些有犯罪意图的公民不敢以身试法，或者迷途知返；②通过对具体案件处理过程的宣传，教育公民充分认识到犯罪的危害性，使他们懂得法律保护什么、反对什么，以及依法应具有的权利和义务，增强其法律意识和法律观念；③通过具体案件的处理，教育公民积极同违法犯罪行为作斗争，提高他们与犯罪行为作斗争的积极性和主动性。

（4）对人权予以尊重和保障，对公民人身权利予以保护，对社会主义法制予以维护，对民主权利、财产权利、其他权利予以保护，对社会主义建设事业的稳步前行予以保障等，都属于刑事诉讼法的基本任务。维护社会主义法制，就是要做到“有法可依，有法必依，执法必严，违法必究”。尊重和保障人权原则的确立，不仅是贯彻和体现宪法的要求，也是公安、司法机关在刑事诉讼中的基本责任，是对犯罪嫌疑人、被告人、被害人及其他诉讼参与人权益保障的总体性要求。保护公民的人身权利、财产权利、民主权利和其他权利，则表明人权保障的内容是相当广泛的，同时也应注意人权保障的对象既包括犯罪嫌疑人、被告人、被害人等诉讼参与人，也包括其他公民。

四、刑事诉讼法的基本原则

（1）侦查权、检察权、审判权由专门机关依法行使。刑事诉讼法第三条第一款规定：对刑事案件的侦查、拘留、执行逮捕、预审，由公安机关负责。检察、批准逮捕、检察机关直接受理案件的侦查、提起公诉，由人民检察院负责。审判由人民法院负责。除法律特别规定以外，其他任何机关、团体和个人都无权行使这些权力。

（2）严格遵守法律程序原则。在进行刑事诉讼活动时，人民法院、人民检察院和公安机关都不得违反法律规定的程序和规则，必须严格遵守刑事诉讼法和其他有关法律的规定，特别是不能侵害或剥夺各方当事人和其他诉讼参与人的合法权益。

（3）司法独立原则。刑事诉讼法第五条规定：人民法院依照法律规定独立行使审判权，人民检察院依照法律规定独立行使检察权，不受行政机关、社会团体和个人的干涉。这一规定确立了人民法院、人民检察院依法独立行使职权的原则，也确认了司法权的专属性和独立性，是现代法治的基础和审判制度的基础。

（4）以事实为依据，以法律为准绳的原则。以事实为根据，就是公安司法机关在处理刑事案件时必须以已查明的案件客观事实为根本依据，它要求重证据，重调查研究，查明案件的真实情况，而认定案件事实，必须有确实充分的证据，不能凭主观想象和推断来处理问题。以法律为准绳，就是对刑事案件的实体和程序问题的处理，必须以刑法、刑事诉讼法和其他法律的有关规定为基准。

（5）对一切公民在适用法律上一律平等的原则。公安、司法机关进行刑事诉讼时，不论宗教、性别、民族、年龄、职务、职业、教育程度、资格地位、居住期限、财产状况等，对于一切公民的犯罪行为都将被依法追诉。一切公民的合法权益，一律平等地受到法律的尊重和保护。

（6）人民检察院依法对刑事诉讼实行法律监督原则。人民检察院对刑事诉讼的法律监督贯穿刑事诉讼的整个过程。对于每个诉讼阶段，人民检察院基于民事诉讼法也对其进行监督的对象、范围、方式、程序等，都做出了相对具体的规定。概括起来，主要体现为立案监督、侦查监督、对审判活动是否违反诉讼程序的监督和执行监督四个方面。

（7）犯罪嫌疑人、被告人有权获得辩护的原则。刑事诉讼法第十一条规定，被告人有权获得辩护，人民法院有义务保证被告人获得辩护。第十四条又进一步强调，人民法院、人民检察院和公安机关应当保障犯罪嫌疑人、被告人和其他诉讼参与人依法享有的辩护权和其他诉讼权利。辩护权是犯罪嫌疑人、被告人最基本的诉讼权利，我国法律赋予犯罪嫌疑人、被告人辩护权，并在制度和程序上充分保障犯罪嫌疑人、被告人行使辩护权。在任何情况下，对任何犯罪嫌疑人、被告人都不得以任何理由限制或剥夺其辩护权。

（8）未经人民法院依法判决不得确定有罪原则。刑事诉讼法第十二条规定：未经人民法院依法判决，对任何人都不得确定有罪。该原则包含两项含义：①确定被告人有罪的权力由人民法院统一行使，其他任何机关、团体和个人都无权行使；②人民法院判决被告人有罪，必须严格依照法定程序进行。

（9）依照法定情形不予追究刑事责任的原则。根据刑事诉讼法第十五条的规定，有下列情形之一的，不追究刑事责任，已追究的，应当撤销案件，或者不起诉，或者终止审理，或者宣告无罪：①情节显著轻微，危害不大，不认为是犯罪的；②犯罪已过追诉时效期限的；③经特赦令免除刑罚的；④依照刑法规定告诉才处理的犯罪，没有告诉或撤回告诉的；⑤犯罪嫌疑人、被告人死亡的；⑥其他法律规定免予追究刑事责任的。

（10）追究外国人刑事责任适用我国刑事诉讼法的原则。刑事诉讼法第十六条规定：对于外国人犯罪应当追究刑事责任的，适用本法的规定。对于享有外交特权和豁免权的外国人犯罪应当追究刑事责任的，通过外交途径解决。这条原则体现了刑事诉讼中的国家主权原则。

第九节 国际法基础内容

一、国际法的定义

国际法，又称“国际公法”，在西方国家的文献中曾长期用“万民法”来表达调整国家关系的法律，但这一名称并不确切。因为，万民法是罗马法中适用于外国人之间以及罗马人与同罗马有条约关系的外国公民之间的法律，是罗马国内法的组成部分，既包括国际公法的因素，也涉及国际私法。直至17世纪上半叶，被西方国际法学者尊为近代国际法奠基者的格劳秀斯仍在他的著作中以万民法表示国际习惯法。1650年，英国学者苏支用“万国法”取代“万民法”，然而这一名称亦不能准确表达调整国家之间关系的法律的特征，且很容易被误解为是凌驾于国家之上的法律，因此它未得到国际社会的正式采用。1780年，英国学者边沁首先把“万国法”改称为“国际法”，以后逐渐被世界各国普遍采用。

国际法主要是国家之间的法，它主要是在各国交往中通过协议或认可形成的、协调各国意志的、由国家单独或集体的强制力保证实施的原则、规则和制度的总体。之所以使用“主要”一词，是因为当今国际舞台上除国家外还有其他的参加者。国家是国际法的基本主体，而类似国家的民族独立实体和政府间的国际组织在一定条件下也是国际法的主体。

还须指出的是，国际社会固然主要是由国家组成的，但若偏重国际社会的整体，而不指明组成国际社会的国家，那就有可能使国际法成为一种“超国家法”，或是变为西方一些人士热衷的“人类法”“世界法”。这些提法的目的都是要改变国际法的性质，使其从国家之间的法律演变为超乎国家之上的法律，从而从根本上否定国际法本身。

二、国际法的特征

国际法作为一个特殊的法律体系，同国内法相比，它具有以下几个显著的特征。

（1）国际法的主体主要是国家。这是国际法最重要的特征。国家具有主权，这决定了国际法是平等者之间的法。正在争取独立的民族实体和政府间国际组织，在特定条件下和范围内，可以同国家一起，成为国际法上权利与义务的直接承受者。而在国内法上，权利与义务的直接承受者主要是自然人和法人。所以，国内法的主体主要是自然人和法人，但自然人和法人都不是国际法的主体。

（2）国际法调整的对象主要是国家之间的关系。国际法的原则、规则和制度应为各国公认并遵守，国际法所调整的事项应具有国际性。而国内法调整的事项一般属于国家内部的社会关系，即自然人、法人相互之间及其与国家之间的关系，通常不具有国际性。国家虽可制定、颁布和施行涉外法律，但此类法律调整的只是具有涉外因素的法律关系，并不以国家之间的关系为调整对象。国内法的适用性往往受到本国地域的限制。

（3）国际法是由两个以上国家或更多的国家通过协议或认可共同制定的。这是因为在国际社会没有超国家的立法机关来制定国际法。而国内法是由统一的国家立法机关来制定的。国家只要不违背其所承担的国际义务，就有权制定该国的各种法规，无须经过他国的同意。由于国际法与国内法的制定方式不同，因此，国际法的渊源主要是国际条约和国际习惯，国内法的渊源则是各项国内立法及其判例。

（4）国际法是由各国单独或集体地采取强制措施来保证其实施的。国内法可通过军队、警察、法庭、监狱等国家强制机关来实现其法律的强制力。

在国际社会，没有超国家的强制机关来实施国际法。虽然有联合国国际法院，但它以国家自愿服从其管辖为前提，同国内法院的强制管辖有着本质区别。国际法只能由国家单独（自助、自卫）或集体（别国和国际组织的协助）来采取强制措施，制裁违法者。

三、国际法的渊源

国际法的渊源是指国际法规范的形成方式或表现形式，它是国际法院判案的法律依据。国际条约、国际习惯、一般法律原则是国际法的直接渊源；而司法判例、权威公法学家的学说为辅助性资料。

（1）国际条约。条约是国家等国际法主体之间就有关权利义务关系而达成的具有法律拘束力的书面协议。

（2）国际习惯。国际习惯的形成必须具备两个因素：①有一般的实践或通例存在，即“物质因素”。一般实践是各国普遍的一致的，长期重复地采取类似的行为，时间上要求有较长的延续性，空间上则要求包括较广泛的国家存在该行为。②存在的一般实践或通例被各国接受为法律，存在主观上的“法律确信”，即“心理因素”。只有同时具备上述两方面的因素，某项国际习惯才能被确立起来，对各国具有普遍的法律拘束力。

（3）一般法律原则。一般法律原则是各国法律体系所共有的，但并未被纳入条约或习惯法的原则。虽然一般法律原则是国际法的渊源，但它与国际条约和国际习惯相比是次要的，或者是对前两者的规则的补充。在实践中，当缺乏条约或国际习惯适用时，一般法律原则就是一个弥补国际法空白的有效办法。

（4）确立国际法渊源的辅助资料。这主要有司法判例（国际和国内的仲裁裁决、法院判决）、权威公法学家的学说、国际组织的决议等。这些辅助资料可以确定国际法原则、规则的存在，并且对国际法的形成和发展具有重要的辅助作用。

四、国际法的基本原则

国际法的基本原则，是指被各国公认的、具有普遍效力并构成国际法基础的、具有强行法性质的原则。综观《联合国宪章》《国际法原则宣言》和其他国际文件的规定以及我国倡导的和平共处五项原则，国际法的基本原则主要有以下五项。

（1）国家主权平等。所谓主权，是指国家享有的对内最高统治权和对外独立权。国家平等原则是指主权国家，无论大小、强弱、贫富、人口多寡，其在国际法律关系中地位完全平等。对于国际法上的义务和权利，它们都平等地承受。在处理国际关系的任何领域，国家都应当尊重别国的国家主权、领土完整权、政治独立权，这是国家主权平等原则的基本要求，即平等地对待他国，不得以大压小、以强凌弱侵犯他国主权。这项原则是最重要的国际法基本原则，并引申出国际法的其他基本原则。

（2）互不侵犯。《联合国宪章》所规定的不侵犯原则，是指禁止使用武力或以武力相威胁或与联合国宗旨不符的方法侵犯他国的主权、领土完整和政治独立；侵略行为取得的任何领土或特殊利益，均不得也不应承认为合法；不得以战争作为解决国际争端的手段；侵略战争构成国际犯罪，国家应负国际法上的责任。

（3）不干涉内政。内政是指纯属国家主权范围内管辖的、不涉及国际事务的事项。依国家主权平等原则，国家彼此无管辖和支配的权力，当然排除一国干涉他国的内部管辖事项。

（4）和平解决国际争端。互不侵犯原则的引申便是和平解决国际争端原则，该原则要求各国之间不得动用武力、诉诸威胁以及其他非和平方式解决相互间的矛盾问题，而应以和平的方式解决相互间的矛盾，从而避免危及自国甚至国际和平与安全。

（5）善意履行国际义务原则。各国必须严格地、友好地、诚实地、自觉地全面履行国际法律义务，即善意履行国际义务原则。它是由“条约必须信守”这一古老的国际习惯规则发展而来的。

五、国际法与国内法的关系

正确认识和解决好国际法与国内法之间的关系，对正确适用和执行国际法，都具有重要意义。

实际上，国际法与国内法之间，一方面是相对独立的法律体系，在主体、调整对象、渊源、效力根据和性质等方面各不相同；另一方面又是密切联系的，存在相互渗透、互相影响、相互补充的关系。这主要表现在以下三个方面。

（1）国际法上的许多原则、规则和制度借用了国内法的概念。

（2）国内法也受国际法原则、规则和制度的影响。

（3）尽管各国处理国际法和国内法关系的实践不尽相同，但一般是通过采纳或转化等方式使国际法的规定在国内得以适用。

例如，美国就将其缔结的有关条约、宪法和根据该宪法制定的法律都确定为美国的最高法律；司法实践又对条约做出了“自动执行的条约”和“非自动执行的条约”区分；有关判例明确了国际习惯法构成美国法律的一部分。

虽然我国宪法对条约在我国的地位没有明确的规定，但从现行法律、司法解释和审判实践看，我国缔结的条约是我国法律的组成部分，通常遵循直接适用和优先适用原则；对国际惯例的适用问题也有相应规定。

| 第四章 |

中西方法律思想的起源发展

要加快建设社会主义法治国家就必须从我国的实际出发，不仅继承和发扬我国传统法律文化中的优秀成果，还要吸收和借鉴西方法治中的合理因素，这需要对中西方的法律思想都有所了解。本章即针对中西方法律思想的起源发展进行了分析，并对它们进行了比较。

第一节　中国法律思想的起源发展

中国有着悠久而灿烂的文明史，与古埃及、古巴比伦、古印度并称为四大文明古国。当古埃及等三大文明消隐或黯淡之后，中华文明却依旧保持着相当的活力，未曾中断与衰竭。中华民族不仅于远古时期即已创造出了较为成熟的法律制度，而且随着法律实践活动的深入发展，形成了博大精深的法律思想。

一、中国法律思想的萌芽

中华民族法律文明的孕育可以追溯到五千年前的神话传说时代。中国法律的起源主要来自两条重要途径：一是原始社会末期各个氏族、部落之间为争夺生存环境和生活资料而爆发的战争，即“刑”；二是原始社会时期各部落、氏族为获得庇佑而进行的祈福活动，即“礼”，这使得中国法律的面貌既有残酷的一面，也有温情的一面。

由于早期中华民族的主要生产生活是自然经济下的农业生产，而且又是在生产力仍然相对较为落后的情况下进入文明状态的，因此从公元前21世纪，中国最早的国家——夏王朝的建立伊始，就未能冲破以血缘为纽带的家族制度，反而将这种制度同国家政治制度紧密联系，并逐渐将整个中国古代社会构筑成了家国同构，家国一体的样子。早期中国法律形成的途径和进入文明时期的状态很大程度上决定了中国的法律制度与法律思想的基本精神和主要内容。

夏、商、西周是一般所谓的“三代”时期。在这一时期里，中华民族受制于低下的生产力水平和匮乏的认识能力，使得迷信色彩浓厚的神权法观念占据主导地位。夏、商两个王朝的神权法思想都甚为浓重，而至殷商王朝之时，神权法思想达到巅峰。尽管西周整体的法律思想仍然未摆脱神权观念的影响，但是殷商政权土崩瓦解的惨痛教训极大地震动了西周的统治者。周人将夏商时期较为纯粹的神权法观念进行了精心的修正和调整，形成了“以德配天，明德慎罚”的观念，这在很大程度上改造了神权法思想，并在一定程度上动摇了其主导地位。不仅如此，周人还将“以德配天，明德慎罚”的思想与“礼”相结合，提出了“礼治”的观念。三代时期，特别是西周时期的法律思想和法制实践，极大地影响了中国古代社会，对中国法律思想的发展和完善具有不可磨灭的作用和影响。

二、中国法律思想的奠基

春秋战国时期，列国纷争，群雄并起，礼崩乐坏，诸子百家应运而行，他们不仅勇于批判社会现实，而且都极其富有实践精神，提出了形形色色的法律思想与法律观点，为中国法律思想的成熟和发展奠定了坚实的基础。为获取霸权，取得兼并战争的胜利，一些著名的政治家开政治与法律革新的先河，齐国的管仲与郑国的子产可谓是最为典型的代表。他们一方面强调礼义廉耻的道德根基，另一方面看到了法律制度所具有的革故鼎新的重要作用。这种守礼与重法并重的法律观念，开启了春秋战国百家争鸣的思想大门，尤其是引领了儒家与法家相互竞争与抗衡的思想路线。

孔子、孟子继承了先代守礼的传统，要求用礼的精神和原则来指导国家的政治法律实践活动，提出了“为国以礼”“为政以德”“为政在人”等一系列治国主张。

作为后起之秀的法家，针对儒家的“礼治”方略，发起了最为猛烈的批判和攻击，他们坚决主张变法图强并推行以赏罚为手段的“法治”，要求所有行为皆“一断于法”，从而深入研究了法律理论的核心问题。

荀子面对儒家与法家之间的思想纷争，一方面改造了孔孟的“礼治”思想，在摒弃世卿世禄的宗法贵族政体的基础上，保留了宗法家族的道德伦理精神；另一方面也改造了法家的“法治”思想，在保留中央集权官僚政体的基础上，充分肯定了道德教化所具有的重要意义。这种既“隆礼”又“重法”的礼法统一说，为秦汉以后的帝制政体准备了丰富的思想养料。

以老子、庄子为代表的道家学派，则认为天地万物的最高主宰是所谓的“道”，而“道”的基本规律在于取法自然，因此他们提倡“无为之治”，彻底否定了儒家的“礼治”与法家的“法治”。

墨家借助带有神权色彩的“天志”观念宣传一种平民式的平等精神，构建起以“兼爱”为核心精神的法律思想。

其他思想学派如名家、杂家、阴阳家等，也或多或少提出了一些颇富价值或颇为独到的法律观点，从而为秦汉正统法律意识形态的形成奠定了思想根基。

三、中国法律思想的形成

秦汉时期，是中国法律思想的形成时期。公元前221年，秦始皇统一六国，建立秦朝，乃中国历史上重要的里程碑。在完成武力统一的基础上，秦始皇创设帝制，全面推行郡县制，统一车轨、文字、货币与度量衡，并以法家思想作为治国的指导思想，同时又借鉴了其他学派如阴阳家的理论，为汉代正统法律思想的形成准备了条件。秦朝覆亡后，经过四年楚汉战争，刘邦于公元前202年正式即皇帝位，建立汉朝，史称西汉。汉初统治者迫于形势，充分吸取秦亡的历史教训，与民休养生息，经过文景之治，终于在武帝时期，国力达至鼎盛。

面对政治、社会环境的巨大变化，董仲舒以天人合一理论为前提，吸取黄老学派的具体主张，运用阴阳五行学说，提出了天人感应学说，创造性地发展了传统的儒家思想。经过儒家知识分子的不断努力，“德主刑辅”的正统法律思想逐步得以形成。以经义解释律文的律学，亦随儒家思想主导地位的确立而蓬勃发展，遂使秦朝“法律答问”这一法律解释活动发生了巨大变化。而在正统法律思想形成的同时，对其挑战的力量便也随之产生。

可以说，经过秦汉时期的风云变化，春秋战国时期的诸子百家逐渐在“罢黜百家，独尊儒术”的历史过程中日益融合，最终形成了博大精深而影响深远的正统意识形态与法律思想。

四、中国法律思想的整合

汉帝国崩解后，中国进入魏晋南北朝时期。由于有效中央政府的缺乏，少数民族政权的冲击，正统法律思想进一步受到严峻的挑战，中国法律思想进入一个新的整合时期。以曹操、诸葛亮为代表的政治家，旗帜鲜明地推行法律，颇有法家复兴的迹象。而何晏、王弼、嵇康、傅玄等竭力鼓吹的玄学，重新诠释了老庄“道法自然”的思想主张，极有力地冲击了正统法律思想的堤坝。

为捍卫正统法律思想的地位，学士不断挖掘“德主刑辅”的丰富内涵，将儒家法律观念推到了一个崭新的高度。尤其是随着儒家思想不断深入立法、司法、法律解释以及法律体系，这一时期的律学研究充分贯彻了儒家精神，而且取得了举世瞩目的成就，涌现出了一大批律学名家，无论是律学的研究内容还是其研究方法，都有了极其显著的理论突破，为隋唐时期法律思想与法律制度的定型打下了坚实的基础。

五、中国法律思想的定型

中国古代的法律思想，经过夏、商、西周以及“百家争鸣”的春秋战国时期，到西汉武帝时，形成了封建正统法律思想。封建正统法律思想形成后，经过三国、两晋、南北朝，直到隋唐时期，才逐渐定型，儒家伦理法思想的正统地位完全稳定且长期延续，礼法结合、以礼率律的思想通过法律的形式固定下来，“德主刑辅”“礼法互相为用”“法贵简当”“恤刑慎杀”等成为社会的主导思想。特别是“一准乎礼”的《唐律疏义》（又名《唐律》或《唐律疏议》）的问世，使礼法完全融合在一起，儒家伦理法的基本观念、原则与精神也渐趋稳固，对后世产生了深远影响。

589年，隋文帝灭陈，结束了汉末以来的分裂局面，实现了民族大融合，南北经济快速发展。但隋朝后期，隋炀帝横征暴敛，实行严刑峻法，天下混乱，最终导致隋朝的灭亡。唐朝统治者吸取隋亡的教训，使人民休养生息，推行仁政，国力日渐昌盛，出现盛世之治。

在隋朝，王通以儒学为主，融合佛、道精华的思想，为后来儒家学者吸取佛、道的思想开创了先例，为新儒学的产生和发展奠定了基础。在唐朝，陈子昂的“安人”思想诠释了新时代儒家“民本”思想的内涵；陆贽“德刑并用、先德后刑”的主张传承了儒家的传统思想；韩愈的“道统”论，保证了孔孟之道的传承和以“忠”“孝”为核心的纲常伦理的实现；刘禹锡“人以法胜天”的思想增强了人们对法制的重视；白居易“刑、礼、道相为用”的观点继承并发展了“德礼为政教之本，刑罚为政教之用”的思想；柳宗元“天人不相遇”的主张则将古代朴素唯物主义无神论思想发展到了一个新的高度。他们的思想都对当时乃至后世产生了深远的影响。

此外，唐朝律学思潮也呈现昌盛之态，律学著作日渐增多，《唐律疏义》以多种方法解释律文，其立法技术也达到了很高的水平，可见唐朝已步入了律学的成熟与发达阶段。

六、中国法律思想的成熟

宋元时期是帝制中国文明融合进一步加强的重要时期，更是中华法系发展沿革史上极为重要的成熟期。

907年，契丹耶律阿保机建立辽，960年后周赵匡胤立宋，中原文化和少数民族文化开始频繁交锋。宋初在统一各藩后，太祖、太宗二帝发动了宋代仅有的几次北伐，至宋代前中期国内、国际形势基本稳定，疆域大致定型，文化趋于闭合。此后，宋朝一直采取重内轻外的消极防守策略，再加上建宋之初，赵匡胤为避免重蹈藩镇割据和宦官干政之覆辙，收归军权于中央，采取崇文抑武的基本国策，使得宋朝少有廷臣豪强乱政，经济、科技、文化极为繁荣发达，为中原文化的成熟发展创造了良好的内外部环境。

作为儒家文化之精髓的理念也在经由两宋哲理化的过程中得到了进一步的扬弃，具体体现为理学派和功利主义学派的学术争论，在两宋社会进程中为中国思想史意境的提升立下了汗马功劳。加之北宋时期的变法实践，不论是在思想上还是在实践上都为明清法律思想的发展提供了诸多宝贵的经验。1038年，党项首领李元昊建立西夏；1115年，女真族完颜阿骨打建立金；蒙古首领铁木真于1206年统一蒙古各部，建立蒙古；以此看来，中国版图内的少数民族政权开始遍地开花，文化交流日益频繁，碰撞也日益激烈，要想在多元的文化交锋中寻得共识，就需要一个强大的统一政权来推动，恰逢其时，忽必烈于1271年建立元朝，1279年统一全国。在此过程中，民族文化的大融合，也在南北朝对峙的基础上进一步得到了加强，并随着政权的统一得到了巩固保存，深刻地影响了明清时期，尤其是清代的法律文化及其法律实践。这为清代中国法文化达到帝制巅峰提供了不可或缺的思想动力和实践经验。

七、中国法律思想的衰落

任何事物都有其发展过程，法律与国家也不例外，不完善的法律与原始国家是文明法制发展的必经阶段，并不存在一诞生就完备的法律与国家。[①] 明清时期，传统君主专制达到顶峰，封建社会无论政治、经济、文化，内部活力骤减。在国

①朱桉成. 早期国家的强制力与法律运行模式——以古代冰岛共和国“资格刑”为研究对象[J]. 哈尔滨工业大学学报(社会科学版)，2020，22（05）：44.

家的治理和社会关系的调整方面，以皇帝为代表中央集权统治者依然奉行“外儒内法”的治国套路，未能走向新的时代进步变革，导致中国社会失去以往的勃勃生机，造成清末的被动局面。明清两朝帝王依然奉行的是“大权统于皇帝、恩威泽及四方”的高度君主专制。在法律思想上，主要表现在以下四个方面。

第一，奉行“法自君出”的君主权威思想。“君权至上”导致法律仅仅是君主维护统治、控制国家的工具，带来众多负面影响。

第二，奉行“以人治法”理念。尽管贤人在立法及执法方面都具有积极的作用，然而人非圣贤，理想化的道德是难以约束个人的，制度的滞后使得贤人只是统治者的统治工具而已。

第三，奉行“宗法等级为本”的思想。官与民、贵与贱的严重不平等进一步固化，扼杀了底层民众的创造力。

第四，奉行“重刑主义”法思想。这种重刑主义思想主要表现为族诛、酷刑、文字狱的广泛运用，以致人人惊恐。

上述与近代历史潮流相背离的治国策略，是明清两代最高统治者思想保守，人为禁锢思想的体现；反映了以小农经济为基础，以严刑峻法为手段的君主专制政体的极端保守性。为了保持万民臣服，明清两代统治者力求思想大一统，所以在思想上采取禁锢政策，大力扶持和倡导“程朱理学”，致使儒学变异，成为维护封建君主专制的“伪道学”。在这个历史时期，理学是统治阶级倡导的主流思想。理学实质上是一种政治思想，包含了中国传统政治统治思想的核心内容，因此在蒙古人入主中原的元朝，理学，特别是程朱的思想得到蒙古统治者的认可，被上升为官方学说，理学完成了官学化的过程。这种发展态势到明朝相沿未改。

明朝中叶，以王阳明为代表的“心学”成功挑战了程朱理学的正统地位，但王阳明的主张依然未能全面变革理学，只是对理学进行救偏补弊。与此同时，也有一些正统思想的守护者力图进一步完善理学，在“经世致用”的驱动下，继续坚持和完善理学。但是历史潮流浩浩荡荡，无论理学如何修补完善，都挡不住历史的变革。特别是明末，中国社会发展进入了重要转折期。在封建社会的重重压力之下，商品经济在江南地区依然得到快速发展，由此在思想意识领域又产生了新的启蒙主义思潮。

在历经明清交替剧烈的政权更迭、阶级斗争、民族斗争之后，以黄宗羲、顾炎武为代表的启蒙思想家对君主专制政体这一核心问题展开了前所未有的批判和思考，使明末清初成为中国封建社会末期思想最为活跃的时代；这种新民本思想冲破了理学的束缚，为中国近代社会的发展和变革提供了一种新的思维方式。

八、中国法律思想的转换

法律关系之产生、变更与消灭，是一个规范逻辑的进程。各法律概念在此进程中随着主体的行动依次出现，不同概念之间的规范逻辑关系亦得以呈现。对诸法律概念在法律关系发展进程中的规范逻辑关系进行讨论，有助于深入理解各法律概念极其复杂联系。[①]步入19世纪，帝制中国君主专制历时两千余年，颓势亦已渐露端倪。19世纪西方列强四处扩张以建立西方为中心的世界秩序，由此带给传统中国社会以巨大冲击。西方列强自此接踵而来发出挑战，中国被卷入殖民扩张全球化的洪流。

救亡图存之出路何在，是当时地主阶级开明人士尤其是知识分子殚精竭虑思考的基本问题。面对列强环伺的岌岌危局，朝野上下有识之士，皆发愤图强以救残破河山。至20世纪，中国社会更是面临前所未有的巨变。中国传统法制之近代转型，便在史无前例的巨变情境中急遽展开。由此而来的近代中国法律思想，历经不同派别的思想积淀而日趋成熟，其发展进程宛如一幅波澜壮阔的历史长卷，具体而微地呈现因时而动的曲折往复、因势而流的跌宕起伏。

九、中国法律思想史学科的创立与发展

面对中国法律思想波澜壮阔的发展历史，20世纪上半叶开始，一些学者呕心沥血，开创了中国法律思想史这一专业领域的学术研究，从而使得中国法律思想史逐渐成为法学专业领域的基础学科和专门学科。

梁启超于20世纪初在北京法政专门学校讲授“中国政治思想史”，其有关法律起源及观念的论述已为中国法律思想的研究提出了基本思路。而其撰写的《中国法理学发达史论》一书不仅涉及了儒、道、法、墨诸家法律思想，而且提出了“放任主义”“人治主义”“礼治主义”“势治主义”“法治主义”等专门术语，可谓中国法律思想史走上学术舞台的最早呼唤。

---

①李旭东.论规范逻辑进程中的法律概念[J].哈尔滨工业大学学报(社会科学版)，2021，23(04)：52.

此后在 20 世纪 30 年代，丘汉平撰写了《先秦法律思想》一书，重点论述了先秦法家的法律思想。王振先著有《中国古代法理学》一书，全面论述了道、儒、墨、法四家的法律思想与观念。而杨鸿烈撰著的《中国法律思想史》则对上起商周、下至近代的法律思想进行了较为全面的梳理和论述，标志着中国法律思想史从中国政治思想史中完全脱离出来，成为一个有独立研究对象和内容的法学学科。

1949年以后，尤其是从20世纪60年代开始，由于受到苏联教学模式的深刻影响，我国许多政法院系又重新将政治学与法学的研究混合在一起，开设了“中国政治法律思想史”之类的课程，并出现了“中国政治法律思想史”之类的教材，法律思想被湮没在政治思想的汪洋大海里。

直至20世纪70年代末，法制、法学与法律教育受到普遍重视后，张国华教授率先在北京大学讲授“中国法律思想史”课程，才再次点燃了中国法律思想史这一专门学科的希望之火。1979年10月我国法律史学者在长春召开了中华人民共和国成立以来的第一次全国性法律史学学术研讨会，就中国法律思想史成为一门独立的法学学科达成共识，并成立了中国法律思想史学会。

自20世纪80年代至今，中国法律思想史成为法学专业中的必修课程，并有大量的统编教材或专业教材问世。随着这一学科建设的日益成熟，中国法律思想史的研究领域日益扩展，研究内容日益加深，研究问题日益细化，研究思路日益拓宽，开始涌现出一批颇有分量的学术研究成果。但相比于中国法制史研究的基本现状来说，中国法律思想史的研究仍然有些滞后，其在法学教学体系中所占据的地位也是远为逊色的，这就需要我们不断努力去探索其存在的学术价值和研究意义，从而为法律教育和法学研究提供独到的智慧支持，为我国当下的法律实践所存在的问题和困境提供思想上的解读。

第二节　西方法律思想的起源发展

一、古希腊法律思想

古希腊是现代先进文明的发祥地，亦是西方法律思想系统形成的重要组成部分。在古希腊时期，西方法律思想的发展经历了从萌芽到“百家争鸣”，再到多个流派的法律思想逐渐走向统一的三个主要阶段。处于萌芽阶段的西方法律思想充满了对公平正义及自由民主的理论追求，对于当时城邦体系中的各个领域都有所涉及，内容十分丰富；随着对法律思想的讨论越发深入且逐步在实际生活中的应用，逐渐涌现出了多个流派的法律思想，呈现了“百家争鸣”的思想繁荣场面；而理论在实际生活中的应用不断加深，必然会针对所出现的问题做出一定的调整，多个流派的思想也因此在理论与实际相结合的基础上不断走向统一，为当时的西方法律思想搭建起了理论框架。在这一时期著名的法律学家有苏格拉底、亚里士多德、赫拉克里特、柏拉图等，其中赫拉克里特、柏拉图提倡对最高统治者的服从，也就是贵族政治，将法律作为加强统治的有效工具。而亚里士多德和苏格拉底将法律的地位进一步提升，认为法治高于人治，首次提出了自然法思想，这为未来法律平等理念的广泛应用创造了条件。

二、中世纪法律思想

西方发展至中世纪（公元476—1640年），经历了古罗马帝国奴隶制社会的消亡，以及随着资产阶级群体不断壮大，与贵族阶级之间的矛盾逐渐加深，资产阶级革命开始爆发，其中也涉及了法律思想的变革。在资产阶级革命之前，法律思想屈居神学思想体系之下，因此在西方占据主导地位的基督教的最高领袖掌握着法律思想的发展和实际应用，此时的法学思想更多的是为神学思想所服务，注释法学派与评论法学派是当时主流的法学思想流派。而资产阶级革命提倡自由与民主，认为世俗权力高于宗教权力，该阶段的法律思想开始逐步脱离于神学思想的控制，开始发展独立的思想体系，阿奎那、路德等人的思想起到了重要的推动作用。

三、17世纪、18世纪法律思想

资产阶级革命的兴起，让自由民主的人文主义思潮也开始得到了广泛的传播，且受到了一定社会群体的支持，17世纪到18世纪的法律思想呈现了以下三个特点：一是自然法律思想得到了进一步发展，并逐渐发展成为资产阶级革命的核心指导思想之一；二是反贵族封建统治制度、反教会；三是理性主义开始在法律思想中有所体现。

孟德斯鸠在《论法的精神》中提出，贵族专制制度存在一定的风险，因此需要对权力进行分割，三权分立的国家体制能够有效地推动民主主义和政治自由的实现。此外，一个社会的稳定需要社会体系中的任何人都能获得实际生活中和精神上的安宁感和稳定感，而这一目标的实现需要政府让任何公民都不再惧怕其他公民，而法律是稳定维系这种社会关系的最直接有效的工具，而且法律思想中包含的自由、公平、正义等思想也是公民所真正追求的。

洛克提出了君主立宪制国家背景下的控权法律思想，他认为法律是维护政治权利合理性的强有力工具，迎合了当时资产阶级发动社会革命的动机之一。

卢梭在《社会契约论》中提出了“社会契约”这一概念，他认为理想中的社会形态是依法治理的民主共和国，社会契约是稳定社会秩序的关键因素，法律是其发挥作用的理论基础，没有法律，国家无法正常运行。

四、19世纪、20世纪法律思想

进入19世纪，现代社会的形态已经发展成熟，该时期法律已经成为维系社会稳定的最主要工具，而且思想体系中涉及的个人主义思想开始逐渐淡化，这也意味着古典自然法学派逐渐退出历史舞台。

随着现代文明的进一步发展，以及社会各个领域呈现了更高的现代化水平，法律思想也随之发生了变化。关于法律思想的讨论更加深入，一些新的思想流派出现，如以马克思辩证法思想为特征的马克思主义法学基本原理，关注现代社会形态的新自然法学等。

纵观法律思想的历史发展，它经历了一个从“百家争鸣”走向有机统一，然后又呈现“百家争鸣”发展态势的过程，整个过程中法律思想都在不断地进行完善和修正，变得更加适合为自由民主的现代社会所服务。

第五章

法律援助实践及其服务质量提升

法律援助制度是维护公民合法权利、保障社会公平正义的一项重要法律制度，是党和政府主导的维护群众权益机制的重要组成部分。群众权益问题，事关群众基本的人格尊严、安全保障和生活质量，是最严肃、最敏感的民生问题，也往往是最显见、最尖锐的矛盾因素。依法妥善解决涉及群众权益的困难和冲突，切实维护群众特别是困难群众和特殊群众的合法权益，是依法治国、执政为民、科学发展的必然要求，是法治文明和社会主义核心价值体系的应有底线，也是社会稳定和执政安全的内在保证。

第一节　法律援助及其特征

一、法律援助的内涵

给法律援助下定义，就是确切描述法律援助概念的内涵和外延，以揭示法律援助的本质特征。国务院颁行的《法律援助条例》是一部专司法律援助的行政法规，部分省、自治区、直辖市的法律援助地方性立法中，以专门条文定义了法律援助，这对于我们研究什么是法律援助有很大的帮助。

从我国法律援助的立法现状、工作实践出发，参照国外境外法律援助的立法规定，我们认为给法律援助下定义应注意如下几个方面。

第一，法律援助是政府责任，但法律援助也是一项社会系统工程。

第二，法律援助服务的法定提供者是律师，但当前形势下还有其他一些主体提供法律援助服务。

第三，法律援助是无偿的，受援人不必为此支付法律服务费。

第四，法律援助具有一定的准入条件，只有特定的当事人才能获得法律援助。

第五，对法律援助行使管理、指导职能的是司法行政机关，具体组织实施法律援助的是法律援助机构。

第六，法律援助，从宏观上说，是一项法律保障制度；从微观上说，是一项无偿提供法律服务的活动。

总之，法律援助，是指县级以上的人民政府设立在司法行政部门的法律援助机构依法组织法律服务机构和法律援助人员，为经济困难的公民或者特殊案件的当事人提供的无偿法律服务。

要准确理解法律援助的概念，应特别把握三个“统一”。

（1）行为与制度的统一。法律援助是一种兼具法律行为和法律制度的法律概念。法律援助是一种行为，是指为受理、审批、指派等法律援助管理行为，也包括法律服务者为受援人提供的免费法律服务活动；法律援助是一种制度，即为经济困难的当事人和特殊案件的当事人提供免费法律服务的一种法律保障制度。

（2）行政执法与法律服务的统一。对当事人法律援助申请进行审查，作出是否提供法律援助的决定，指派或者安排人员办理法律援助案件，对法律援助人员的办案情况进行监督，向办结法律援助案件的法律援助人员发放办案补贴等都属于行政行为性质。其中，对当事人的法律援助申请经审查后作出是否提供法律援助的决定，应属于行政给付，系准行政执法的范畴。当然，实施法律援助，即法律援助人员运用法律知识和法律技能提供专业的服务维护受援人的合法权益，是一种法律服务活动。因此，法律援助是行政执法与法律服务的统一。

（3）政府责任与律师义务的统一。法律援助是政府的责任，政府应为法律援助制度的建立和发展提供财政保障、人力保障、组织保障和法律制度保障等，这是法律援助制度赖以生存的前提和基础。维护受援人的合法权益，离不开律师的法律援助服务，法律援助是律师的法定义务。与法律援助的政府责任相对应，符合条件的当事人即为获得法律援助的权利人；与法律援助的律师义务相对应，受援人即为接受法律援助服务的权利人。

二、法律援助的相关概念

（一）法律援助与司法救助

法律援助与司法救助是两个既有区别又有联系的概念，但在实际生活中许多人经常将两者混淆。司法救助，是指人民法院对于当事人为维护自己的合法权益，向人民法院提起民事、行政诉讼，但经济确有困难的，实行诉讼费用的缓交、减交、免交。法律援助与司法救助是有区别的，主要体现在以下几方面。

（1）提供的主体不同。司法救助的主体是人民法院；法律援助的主体是律师、社会组织人员。

（2）发生作用的法律领域不同。司法救助只发生于民事、行政诉讼中；法律援助发生于刑事、民事、行政诉讼等所有诉讼活动和非诉讼活动中。

（3）减免费用的性质不同。司法救助减免的是诉讼费，是国家的财政性资金；法律援助免去的是法律服务费用，是法律服务机构的收入。

（4）法律援助与司法救助最本质的区别是，法律援助是无偿的法律服务活动，而司法救助只是人民法院对诉讼费用的减免。

但法律援助与司法救助又是密切联系的，其对象、范围、发生作用的领域等具有一定的交叉性。以法律援助为视角研究司法救助的意义，就是要建立法律援助与司法救助的衔接机制，以便更好地维护受援人的合法权益。

（二）法律援助与法律救济

法律救济指的是公民、组织或法人认为自己自身应该享有的人身权或者财产权受到了行政机关行政行为的侵害或者其他单位行为的侵害、个人行为的侵害，然后根据相关法律规定向国家机关寻求补助，最终被国家机关受理的能够体现一定法律效力的活动。目前，法律救济的方式主要有行政复议、行政诉讼、国家赔偿、民事诉讼等。法律援助与法律救济的区别包括以下内容。

（1）提供的主体不同。法律援助的提供主体是律师、法律服务工作者等法律服务人员；法律救济的提供主体是国家行政机关和人民法院。

（2）接受的主体不同。法律援助的接受主体是经济困难的公民和特殊案件的当事人；法律救济的接受主体可以是任何公民、法人或者其他组织。

（3）请求保护的事项范围不同。公民、法人或者其他组织认为自己的人身权、财产权受到侵害都可以请求法律救济，但法律援助的事项范围有一定的限制。

（4）行为的法律效力不同。法律援助是法律援助人员提供的法律服务活动，其行为不发生法律强制效力；法律救济是国家行政机关和人民法院做出的具有法律效力的活动。

从法律援助的视角研究法律救济，其意义在于法律援助人员应当借助恰当的法律救济途径维护受援人员的合法权益。

三、法律援助的意义

法律援助制度代表人类的法治文明已经发展到了相对成熟的阶段；也代表一个国家的法治文明得到了快速发展，经济水平得到了快速提升；代表一个国家越来越注重法治观念。对于我国，实行法律援助可以让社会中的弱势群体依法捍卫自己的合法权益，这也极大地推动了我国依法治国方略的实行。

从宏观上讲，开展法律援助是当前我国建设社会主义法治国家大背景下的必然选择，是促进司法公正、降低错案率的重要保障。对于完善我国现有法律制度，推动建立公正、和谐的社会秩序同样具有重要意义。从微观上讲，法律援助最直接、最重要的效应即在于对受援人员合法权益的捍卫。

法律援助的作用是可以真正实现法律面前人人平等的基本原则。能够让公民的合法权益得到保障，有助于社会公益事业的更好发展；是对社会保障体系进行的优化和完善，有助于社会形成社会主义法治，有助于社会中人权的保障。其宏观意义主要体现在以下几方面。

（一）法律援助的重要地位

（1）法律援助是政府的责任和义务。法律援助主要由政府负责，政府需要通过政策制定的方式推动法律援助这项工作的积极开展。首先，政府应该为法律援助的开展提供人才支持、机构支持，也就是要建立起人才队伍和机构。其次，政府要为法律援助提供经费保障。政府可以从财政资金当中提供资金支持，也可以吸纳社会当中的力量支持法律援助工作的开展。

（2）法律援助能够保障司法判决的公平公正。法律援助可以为特殊案件的当事人提供支持，也可以为经济困难的当事人提供援助，这使得所有的当事人都有平等的保卫自身合法权益的权利，也就是说，所有的当事人都可以获得平等的法律保护。这些社会弱势群体往往文化程度不高、难以清晰有理有据地表达自己的利益诉求，且对法律知识了解不多，这就给司法机关查清案情、准确适用法律带来了困难。为社会弱势群体提供法律援助，通过专业的法律援助工作者的辛勤工作，可以协助受援人员寻找最便捷、最有效的捍卫合法权益的方式，也可以协助司法机关提高办案效率，弄清案件真相，降低错案率。

（二）法律援助的社会功能

当今世界的发展趋势之一，就是逐步建立健全社会保障体系，最终建成福利型社会。以政府为主导开展法律援助，可以最大限度地引导弱势群体通过法律手段解决纠纷、维护权益，可以有效缓解社会矛盾、维护社会稳定。法律援助制度是社会保障体系的一个重要环节，使广大公民在利益受到侵害时有通过法律手段获得救济的保障。

（三）法律援助是法律精神的必然要求

1. 法律援助的宪法学意义

（1）法律援助制度是实现实质平等的保障。人生来是而且始终是自由平等的，这早已成为人类社会的共识。但是，近代宪法所保障的平等乃所谓的形式平等，即指为社会每个成员提供平等的条件和机会，而不考虑社会各阶层的不同境遇。这就逐渐演变成了实质上的不平等，社会贫富悬殊，阶级对立严重，到了19世纪末20世纪初这已成为一个严重的社会问题。20世纪以来伴随着福利国家的来临，出现了“从契约到身份”的回归，亦即出现了从形式平等到实质平等的转变。宪法力图对社会、经济的弱者进行特殊的保护，以实现实质的平等。法律援助制度即通过为经济上贫穷、智能上低下、生理上残疾的社会弱势群体提供特别的法律帮助，以实现宪法和法律所赋予的平等权。

（2）法律援助制度是救济权的实现保障。在现代社会，救济权已经成为一项独立的人权。在权利的救济体系中，司法救济是权利救济的核心。法律救济对于保障公民的权利有着十分重要的作用。但是，对于社会弱势群体来说，由于贫穷、文化水平低下或者对法律的无知，自己权利受到侵害时可能根本就不知道法律救济的权利和途径，或者即使知道也不懂得如何启动救济的程序。即使启动了司法救济的程序，这些弱势群体在法庭上也可能无法展开真正公平的对抗。因为他们可能不懂得如何收集证据，无法有效地行使辩论权。在这些情况下，都需要律师等专业人员的帮助。

（3）法律援助是福利国家的一项新人权。1945年以后，一些国家随着经济的高速增长逐渐健全了社会福利保障体系，法律援助逐渐演变为公民的“社会福利”权，即成为福利国家时代的一项新人权。我国宪法应当反映当今国际社会法律援助制度的发展，在修改宪法时明确将获得法律援助权作为公民的一项基本权利，与之相对应的是，保障公民法律援助权的实现则是政府的义务。

2. 法律援助在刑事诉讼中的意义

在刑事诉讼中，法律援助的特定意义就体现在为辩护制度提供了最根本的保障。在刑事诉讼中，犯罪嫌疑人或被告人行使辩护权通常有两种形式：一是自行辩护；二是得到来自他人提供的辩护，包括自行委托的辩护。因此，对于被告人来说，辩护权可以划分为两种诉讼权利，即自行辩护的权利和获得辩护的权利。法律援助正是对被告人获得辩护的权利的维护，并且是对获得律师辩护的权利的保障。

3. 法律援助在民事诉讼中的意义

民事诉讼的法律援助案件大多是涉诉金额较小、案情简单的小型纠纷案件，但是倘若处理不妥当，诉讼结束后纠纷不一定会结束，矛盾往往会长期积压甚至引发更大的纠纷。适当介入一定的法律援助，有利于向当事人宣传法律知识，舒缓双方情绪，从而真正将纠纷化解。

4. 法律援助在行政诉讼中的意义

在行政诉讼中，相对于拥有行政权力的应诉方，起诉方本身就是相对弱势的一方，在取证能力等方面和应诉方有着巨大的差距，倘若起诉方是家庭贫困、文化程度较低的弱势群体，胜诉的可能性会更低。此时，只有获得一定的法律援助，利用法律援助人员的专业知识和能力，才会提高胜诉的可能性。

（四）法律援助是合法权益的有效保障

（1）法律援助对弱势群体的直接意义就是维权。法律援助一方面可以使受援人员得到具体的法律服务和法律帮助，通过法律途径维护正当权益，帮助他们解脱困境；另一方面可以向受援人员宣传法律知识，增强其法律意识。

（2）法律援助使用得当可以在一定程度上达到息诉的目的。在法律援助过程中，法律援助工作者应该本着缓解社会心理冲突、协调不同群体间的利益关系、促进社会整合的原则，沟通心理，宣传法律政策。

四、法律援助的特征

（一）政府责任性

中国现行的法律制度确立了法律援助的“政府责任”原则，该原则的确立是由中国的“国家主义”政治传统、国家与社会的双轨制社会结构以及西方发达国家的立法影响等诸多原因造成的。[①]《法律援助条例》第三条规定，法律援助是政府的责任，县级以上人民政府应当采取积极措施推动法律援助工作，为法律援助提供财政支持，保障法律援助事业与经济、社会协调发展。

（二）无偿性

保障经济困难的公民，无须付费即可享受法律援助服务，已经被列入《法律援助条例》。法律援助的无偿性特征，是我国法律援助区别于其他法律服务的鲜明特色。法律援助制度的无偿属性，为不占有社会优势资源的普通公民提供了获得法律援助服务的特殊通道。虽然世界各国普遍推行法律援助服务，但是如何定性并开展法律援助活动，却至今争论不休，难以达成共识。[②]国家公民不能因为经济困难无法支付高额费用而被剥夺获得法律援助服务的权利，这是无偿性被列入《法律援助条例》规定内容的重要原因。

（三）政府行为性

经济困难的公民或者无法寻求法律支援的特殊案件当事人，可以从提供法律援助服务的组织或机构，获得法律援助人员提供的无偿法律援助服务。这类提供无偿法律援助服务的组织或机构，通常由县级以上人民政府设立。法律援助在本质上属于一种社会公益事业。法律援助这一社会公益事业除具有一般社会公益事业的公益性、社会性、非营利性等特点外，其中最为显著的特点是政府行为性。可见，法律援助事业是由政府直接发起、组织并实施的。

（四）社会协作性

法律援助是政府责任、政府行为。但由于社会大众对法律援助的需求与国家能够提供的实际水平还很不相称，政府无法包办法律援助。法律援助应当走社会化发展的道路，实现财力资源的社会化、人力资源的社会化、协作关系的社会化，从而充分利用社会资源，构筑法律援助网络，建立起政府主导、社会参与的法律援助工作格局。

---

① 孙文恺，李卫东. 对中国法律援助制度之“政府责任”的反思 [J]. 学习与探索，2009（4）：99.

②项焱，王佳红. 法律援助与发展权：逻辑、历史与现实的互洽[J]. 甘肃政法学院学报，2017（5）：97.

第二节　法律援助的机构与人员

一、法律援助机构

《法律援助条例》规定，县级以上人民政府设立的法律援助机构，必须按照相关规定，为申请法律援助的公民提供无偿的法律援助。受理并审查相关申请，为公民提供法律援助服务的部门，统称为法律援助机构。

法律援助机构既包括各级人民政府批准设立的法律援助机构（以下简称政府法律援助机构），也包括各社会团体、群众组织、高等院校依法组建的法律援助机构（以下简称社会法律援助机构）。

（一）法律援助结构的特点

1. 政府法律援助机构的特点

（1）由直辖市、设区的市或者县级人民政府司法行政部门根据需要确定或组建，由相应的人民政府编制部门批准设立。

（2）机构性质为行政机构或事业机构。

（3）经费来源以财政拨款为基础。

（4）工作人员为公务员或占有事业编制的人员，其中具有法律资格的人员应占有一定的比例。

（5）服务对象为行政区划内的经济困难的公民和同级人民法院指定辩护案件的当事人。

（6）除可安排本机构的工作人员承办法律援助案件或事项外，还可指派社会律师、基层法律服务工作者、法律援助志愿者等承办法律援助案件或事项。

（7）相当多的政府法律援助机构在现有条件下接受司法行政机构的委托负责本辖区内的法律援助管理、指导和协调工作。

2. 社会法律援助机构的特点

（1）依法设立。一些社会团体、法律院校、民间组织或一些地方的妇联、工会、残联等群众组织，依照《法律援助条例》第八条关于“国家支持和鼓励社会团体、事业单位等社会组织利用自身资源为经济困难的公民提供法律援助”的规定，相继设立了法律援助机构。

（2）设立时应经相应层级的司法行政机关批准，一般情况下无须经过编制部门审批。

（3）利用自身的人力资源、财力资源开展法律援助工作。

（4）一般是以自己的工作对象即一定的行业群体为法律援助对象。

（5）法律援助形式根据自身的法律援助人力资源状况决定，一般是以非诉讼事项为重点。

（6）接受司法行政部门的监督和指导，禁止借法律援助之名从事有偿法律服务。

（7）是政府法律援助机构的有益补充。

（二）法律援助机构的设置原则

从我们的国情出发，设置法律援助机构时，必须遵循以下原则。

1. 合理的原则

所谓合理就是我国法律援助机构的设置必须合理，其基本内容包括如下几个方面。

（1）机构的性质必须合理。设立的法律援助机构的性质，应当既有国家法律援助的管理机构，也有社会团体、民间组织设立的不具有国家机关性质的法律援助组织。这两种性质的法律援助机构形式的并存，符合我国国情的实际需要。

（2）法律援助机构的分布应当合理。由于我国是一个农村人口众多的国家，因此，法律援助机构的布局，就应当以农村为重点，面向农村，倾斜于农村，而不应当只把法律援助机构集中于少数大城市。同时，法律援助机构和力量布局的多少，应以法律援助对象的多寡为依据。只有注意到以上两点，才可能做到法律援助机构布局合理。

（3）法律援助机构内部的部门设置和规模大小，应当同本级、本地区法律援助工作量的大小成正比，只有这样，才可能做到内部机构设置合理。

2. 方便的原则

所谓方便就是指我国法律援助机构的设置，必须从法律援助工作的实际需要出发，服务于法律援助对象。就基本内容而言，方便的原则主要包括以下几个方面。

（1）法律援助机构的设置必须方便被援助对象。在机构分布的疏密上，应便于被援助对象申请救助，不能过稀、过少、过远，特别是对一些偏远山区农民，一定要考虑到他们对法律援助工作的实际需要，使他们能在现有交通条件下，及时寻求法律帮助，绝不能使他们因为不方便，而放弃自己应当寻求法律援助的权利。

（2）法律援助机构的设置，应当方便各层级法律援助机构之间的工作联系，便于请示报告工作，便于加强管理，便于组织领导，便于互通信息和情况。

（3）法律援助机构的设置，必须便于各级政府对法律援助工作的组织管理和监督协调。同时，我国法律援助机构的布局也必须便于人民群众对法律援助工作的监督，以增加我国法律援助工作的群众性和透明度。

3. 高效的原则

所谓高效的原则，就是指法律援助机构的设置，必须使之能够快速正常运转，以满足社会所有法律援助对象对法律援助工作的实际需要。这是因为，法律援助制度的实施，首要的是保障社会成员都能获得法律所赋予的各项权利的真正实现，并为每个社会成员创造公平合理的生存和发展权利的外部条件。在此基础上，要实实在在地体现提高效率的客观要求。因为，被援助对象享受法律所赋予的各项权利，要以法律援助机构办事效率的提高为必要前提，没有法律援助机构高效率的工作，就没有法律援助制度对促进社会民主化、法治化进程的巨大作用，也就不存在法律面前人人平等。所以，设置法律援助机构，必须坚持高效率的原则。

二、法律援助人员

法律援助服务的提供，离不开法律援助人员的支持。在开展法律援助活动的过程中，管理者、服务提供者、志愿者与理论研究者，都属于法律援助人员。

在提供法律援助服务的人员体系中，管理者与服务提供者能动性最强，发挥的作用也最为显著。而供职于法律援助机构、从事法律援助服务工作的律师与相关人员，属于狭义的法律援助人员。

狭义的法律援助人员具有以下三个方面的特征。

（1）有一定的范围：包括法律援助机构的工作人员、律师或者基层法律服务工作者、法律援助志愿者和其他法律专业人员。

（2）处于从事法律援助活动这一状态：必须受法律援助机构安排或者指派办理某个法律援助事项，也就是说，法律服务人员一旦确认接受法律援助机构指派法律援助事项到这个事项办理完结，在这一时段内属于法律援助人员。

（3）接受法律援助机构的监督：法律援助人员所办理的某个法律援助事项必须接受法律援助机构的监督。

第三节　法律援助的程序与实施

一、法律援助程序

（一）法律援助程序的概念与特点

法律援助并非无章可循。法律援助机构开展法律援助活动以及受援人员接受法律援助，都必须遵守《法律援助条例》的相关规定。只有程序合法，法律援助才能发挥自身的价值。具体来说，法律援助程序主要呈现以下三个方面的特点。

（1）法律援助程序属于法律援助制度中的规定性程序。该程序从形式角度出发，帮助解决了法律援助的适用与实施问题。任何一种事物都是内容和形式的辩证统一，既没有只有形式、没有内容的事物，也没有只有内容、没有形式的事物。法律援助制度也一样，它不仅需要依法确定其援助的内容也必须依法确定其援助的程序，二者缺一不可。法律援助活动的实施与适用，必须严格遵守法律规定的正当程序。为了帮助参与法律援助活动的关系主体明确法律规定的边界，法律援助程序正式落实并得到了《法律援助条例》的支持。

（2）法律援助程序规定了法律援助的流程与步骤。无论是提供法律援助服务的机构，还是受援对象，在参与法律援助活动前，都必须满足提供法律援助服务或者享受法律援助服务的客观要求，而在法律援助活动的实施过程中，双方必须按部就班，根据条例规定的次序和步骤，完成法律援助过程。

（3）法律援助程序明确了参与法律援助活动的关系主体。受援人员必须严格按照法律援助程序获取法律援助服务，而提供法律援助服务的相关机构，也必须严格遵循法律援助的程序，绝不能游离于程序之外，否则就会失去建立法律援助制度的本来意义。

总之，法律援助程序的概念和特点，决定了法律援助程序在法律援助制度中的地位和作用。法律援助的地位和作用决定了法律援助制度的程序，它对建立和完善法律援助制度有着十分重要的意义。

（二）法律援助程序的作用与意义

与实体法规不同，法律援助程序的制定和实施，与保障法律援助活动参与双方的合法权益密不可分。严格的流程与办事规范，一方面可以保障受援人员的合法权益，确保受援人员能够利用无偿的法律援助服务，合理表达自身诉求并实现理性维权；另一方面能保障提供法律援助服务的机构，通过正当实施法律援助行为，强化司法实践的公正属性。具体而言，我国法律援助的程序具有以下三个方面的作用和意义。

（1）保护一切被援助对象依法享有接受援助的权利。法律援助制度，是保障经济困难的公民和弱者的合法权益真正得到维护的根本措施之一，当被援助主体的实体权益受到侵害或与他人发生争议，需要求助于司法救济，但又无力支付有关费用的情况下，可以通过必要的法律援助的程序审查，得到法律援助机构的救济和援助，从而达到依法保护自己合法权利不受侵害的目的。如果没有法律援助的程序，被援助的主体就无法及时地享有自己应当享受的被援助的权利。

（2）保证法律援助机构正确适用于有关法律援助的法律规定，查明情况，审查条件，及时作出是否给予援助的决断。有了法律援助的程序，法律援助机构就可以依据程序，审查申请人提出的申请，并依据法律规定的援助条件，作出是否给予援助的决定，即通过必要程序的审查来保证法律援助的对象的准确率和及时性。

（3）有效防止法律援助的法律关系主体对法律援助权力的滥用。首先，防止不具备受援资格的人滥用法律援助权利，借国家援助挑讼、滥讼，以无休止的诉讼来报复和拖累别人，进而达到自己的目的；其次，防止法律援助机构滥用审批权，徇私枉法，以权谋私，对一些本该援助的无故不施援助，对一些不该援助的无故滥施援助，借法律援助之机，捞个人好处；最后，防止具体履行法律援助义务的法律援助承办人，以种种借口推诿自己应尽的义务，不作为或消极作为。只要建立起了严格的法律援助程序，就可以有效地防止不履行或疏于履行法律援助义务的现象。

二、法律援助实施

提供法律援助服务的机构通常包括法律援助中心以及具备法律援助资质的律师事务所。当受援人员提交的法律援助申请通过审批之后，提供法律援助服务的机构需要指派律师及时承办具体案件，由此形成了法律援助的实施过程。

按照法律援助结果的不同，法律援助的实施分为实施的一般程序和实施的特殊程序两种。

（一）法律援助实施的一般程序

法律援助实施的一般程序包括如下步骤。

（1）法律援助的申请人可以持《法律援助合格证》到就近或指定的律师事务所，要求该所为其指派援助律师。根据我国各地的基本做法，选定律师的方式基本有两个：一是自由选定，即由申请人从“志愿承办法律援助律师”的花名册中，选定自己满意的执业律师作为援助承办人；二是主任指定，即由法律援助中心主任从“志愿承办法律援助律师”的花名册中，为申请人指定一名律师担任援助承办人。根据实践来看，大部分申请人都希望法律援助中心为其指定援助律师。

（2）援助承办律师和法律援助机构、受援人员三方签订《法律援助协议书》，通过协议的方式把各方之间的法律关系、权利、义务等明确规定下来，以便各方共同遵守。《法律援助协议书》是由国家法律援助中心统一制作的表式协议形式。其主要内容有：①被援助人的姓名、年龄、性别、单位、家庭住址；②被援助的案由证据和受援人员的请求；③受援人员的经济状况、证明和批准援助的单位；④援助承办律师的姓名、年龄、执业单位、业务特长等自然情况；

⑤在实施援助过程中，双方各自应享有的权利、应履行的义务和各自应当承担的法律责任等。

（3）有效反馈推动法律援助案件的及时处理。承办法律援助事务的机构，需要实时监督法律援助服务的落实情况，并定期向办案律师及时反馈跟踪信息，督促办案律师尽快向受援人员提供法律帮助，确保法律援助案件能够及时得到处理。

（4）利用报告书面总结援助情况。律师办结法律援助案件以后，需要填写相应的结案报告，并以所在律师事务所的名义，提报拥有审批资质的法律援助中心审批，确保法律援助服务的实施情况能够及时上报。法律援助中心接到结案报告后，应根据其援助中的实际情况，量化援助量，计算出应当补偿给该律师事务所的费用数额，并计入该账户内，以便年终一次性划拨款项。

（二）法律援助实施的特殊程序

事物是千变万化的，我们不可能只按照设想的一般规则去办事，还需要有一些特殊规则去处理特殊问题。这是程序问题中的一个常识，法律援助工作也是一样。就一般情况而言，按照以上程序就可以实施，但在实施过程中遇到的一些特殊情况，如受援人员情况发生变化，需要中止援助等，就需要按照特殊程序处理。

（1）援助承办律师同受援人员之间有明显的利害冲突关系的，该律师不适宜再继续为受援人提供法律援助的情况。受援人员或者援助承办律师均有权向援助承办律师事务所或者法律援助中心提出回避申请。援助承办律师事务所，或者法律援助中心接到申请后，经审查属实，应当允许回避，为被援助对象重新指定援助律师。

援助承办律师同受援人员之间有明显利害关系，需要回避的情况，主要包括三种情形：其一，援助承办律师是被援助案件对方当事人的代理人；其二，援助承办律师是该案当事人的近亲属；其三，被援助案件的处理结果，同援助承办律师有直接的利害关系，可能影响公正援助的。

（2）受援人员接受援助的条件已经丧失或者根本就不存在，经法律援助承办律师查实上报法律援助中心，或者由法律援助中心直接发现后，可以据此做出对受援人员中止提供法律援助的决定，同时，根据已经援助的情况，还可以决定受援人员部分或全部偿还已接受的援助的费用。

发生此类情况一般有三种情形：其一，受援人员经济条件已经改变，丧失了获得法律援助的经济条件；其二是受援人员从一开始就进行虚假陈述，骗取法律援助；其三，受援人员申请获得援助的案由已经和解或者消失，援助已变得毫无意义。

第四节　法律援助服务质量的提升实践

提升法律援助服务质量，是帮助受援人员借助法律手段维护自身权益的关键。为了切实保障受援人员的合法权益，法律援助服务质量的提升，可以围绕以下几个方面展开。

第一，律师招募必须强化把关意识。作为法律援助服务的实践主体，从业律师提供法律援助服务的态度与技能，无疑会影响法律援助服务的质量。这就要求提供法律援助服务的机构，在招募从业律师的过程中，必须根据案件特点，优先选择适应能力强、综合素质高、业务技能好的律师。部分机构为了准确了解从业律师的专业水平，在律师进入法律援助机构工作前，增设了面谈交流环节，以深入考察律师的理论功底与实践能力，从而确保受聘律师可以为受援人员提供专业的法律援助服务。

第二，律师数量能够维持动态平衡。在法律援助机构受理案件数量相对不变的情况下，受聘律师数量不达标，意味着每位律师需要办理的法律援助案件超标，在快速结案的过程中，法律援助服务质量受到影响的情况难以避免。但是，如果受聘律师数量过多，每位律师接手的案件数量并不饱和，而承办这类案件又需要受聘律师准确掌握案件办理的流程与规范，律师精力的耗损，难免会对法律援助服务质量产生影响。因此，合理确定受聘律师的数量，确保受聘律师数量与当地案件数量相匹配，是提升法律援助服务质量的重要举措。

第三，律师培训注重技能强化。法律援助机构可以围绕受援人员特点，组织受聘律师参与岗前培训，强调法律援助案件的办理流程与规范，要求受聘律师提高自身的业务技能与沟通技巧，从而为受援人员提供更加优质的服务体验。与此同时，法律援助机构还可以组织律师定期梳理案件类型，并邀请资深律师或行业专家分享疑难案件的办理方法，从技能层面上提高法律援助案件的胜诉率，从而改善法律援助服务质量，提高受援人员的满意度。

第四，服务标准力求规范科学。法律援助服务规范的制定，应该以具体的律师实践为落脚点，从可操作的角度出发，以简单、实用为宗旨，结合律师办案过程中遇到的各种问题，制成便于记忆的口诀，并在日后不断修正，从而形成科学的法律援助服务规范，切实提高法律援助服务质量。

第五，人才培养做到与时俱进。为了保证法律援助服务顺利进行，法律援助机构需要为案件配备专管员。作为法律援助服务质量的监督主体，专管员不仅需要受理并审查受援人员提交的相关申请，还需要将不同的案件指派给拥有相应从业经验的办案律师，并针对律师的办案能力发挥主要的监管作用，这对专管员的专业水平提出了较高的要求。因此，法律援助机构应该在专业领域培养专管员的业务专长，帮助专管员逐步成为法律援助领域的业务专家，督促专管员强化自身的法律功底，熟悉法律法规与业务流程，拓展法律援助服务的边界与范围，从更加专业的角度，对办案律师的业务能力作出科学评估，从而推动法律援助服务质量稳步提升。

第六，评核手段追求全面多元。为了准确掌握法律援助案件的办理质量，法律援助机构需要不定期对律师的办案情况进行评审考核，从而明确掌握全部律师的办案水平和结案能力。然而，面对信息技术飞速发展的现实，传统的案件评核手段已经不能满足法律援助机构掌握案件办理情况的基本需求。为了切实提高法律援助服务质量，利用电子手段分类查阅法律援助案件，并邀请行业专家或专业对口的资深律师，全面评核法律援助案件的办理情况与办案律师水平，从而为法律援助机构聘用并监管办案律师，提供准确的依据和明确的方向，显得尤为必要。

第七，激励机制做到综合完善。为了提高律师办案的积极性，法律援助机构可以尝试使用以下三种办法，激活律师追求卓越办案理念的内在潜能。首先，法律援助机构应该结合当地经济发展水平，及时调整律师办案补贴标准，并为法律援助案件划分质量等级，推动办案补贴与办案质量的有机关联，确保办案质量高的律师可以获得较为优厚的办案补贴。其次，对于从事法律援助实践活动的优秀律师，法律援助机构应该发挥宣传报道的作用，为优秀律师颁发奖章，增强办案律师的职业归属感和社会荣誉感。最后，在优秀律师的职务推荐方面，法律援助机构可以积极联系律师协会，为优秀的办案律师在协会内部预留名额，从而增强律师参与法律援助工作的热情。

第八，违规违纪必须严厉惩处。法律援助机构无偿提供的法律援助服务，在帮助受援人员减轻经济负担的同时，也为部分律师借机敛财创造了可能。由于受援人员并不熟悉法律援助服务的办理流程，即使自身符合无偿享受法律援助服务的条件，在办案律师的诱导下，可能会为法律援助服务支付费用，从而造成自身财物损失。在这种情况下，法律援助机构必须加大监管力度，对律师有偿代理案件的情况严加惩处；对严重违纪的律师，果断清除出法律援助的律师队伍；对于涉及违法犯罪的律师，直接移交司法机关严肃处理，切实保障受援人员无偿享受法律援助服务的基本权益。

第六章

全球化背景下劳动法的法学实践发展

经济全球化起源于20世纪80年代中后期，20世纪90年代在全球范围内迅速发展。按照国际货币组织的定义，经济全球化是指跨国商品与服务贸易及资本流动规模和形式的增加，以及技术的广泛迅速传播使世界各国经济的相互依赖性增强。经济全球化亦即贸易、投资、金融、生产等经济活动的全球化，是生产要素在全球范围内寻求最佳配置。经济全球化发展同时也带来了劳动关系领域的巨大变化，从而对劳动法的法学实践也带来了影响。

第一节　全球化背景下劳动法的应对措施

一、经济全球化带来劳动法发展的新挑战

经济全球化给劳动关系带来了极大的影响，同时对劳动法的发展提出了新课题——去管制化的思潮迭起。

首先，随着经济全球化的深入发展，劳动用工的模式更加灵活，市场因素的力量在劳动关系的领域更加强大，因此就更加要求劳动法要放松对劳动关系的管制，在用工形式等方面更多地让位于由市场决定。

其次，为了更好地应对经济全球化的挑战，各个国家均调整了劳动法中的相关规定。其中，为了留住资本，有效避免本国资本投资他国企业的情况发生，发达国家以立法的形式和手段对劳动法的管制进行了放松处理，并通过社会福利的削减，使资本享有的待遇更加自由和优惠，此外，为了对劳动者的工作岗位予以保留，部分工会和资方就自愿降低劳工福利标准进行了谈判。与之不同的是，发展中国家对劳动法的调整目的在于吸引外资，使投资者的权利得到扩大化，劳动者保护的权利或利益相应地减少。通过对比，不难发现，以上对劳动法的相关调整，并未充分发挥劳动保护法的应有之义，反而招来了更多怀疑的目光，认为劳动保护法必然导致劳动成本的提高，以及企业国际竞争的恶性循环，甚至有人认为某个国家不断上升的失业率以及一个国家就业环境的恶化就是高标准劳动保护的必然结果。故此，纷纷要求劳动法应该减少对劳动者的保护，放松对劳动关系的管制。

去管制化的观点认为劳动法对劳动力市场的干预过多，应当降低这种干预。劳动及劳动关系，必须从现有国家法律、社会及经济的理性中摆脱与释放出来，换言之，去除法律形式上对劳动的保护，劳资关系的形成不再视为国民国家内的阶级妥协，而是回到企业内的控制模式。

然而同时，经济全球化带来的对劳工标准全球化也要求各国尤其是发展中国

家在劳动工标准上要加强管制，防止为吸引资本而降低劳动标准的恶性竞争，以维护世界贸易中的公平公正。自由贸易与劳工标准是互补的，而不是竞争的，因为贸易的增加能够促进经济的增长，而经济的增长对工作岗位的增加以及人们福利的改善是有好处的。在全球化背景下，由于资本可以全球流动，国际资本将倾向于那些低产品成本的生产地点，那些拥有健全的社会保护并尊重工人权利的国家与那些国际劳工标准低的国家之间的竞争将丧失公平性，而这种不公平的竞争将会导致劳工标准的恶性螺旋式下降。因此，经济全球化的发展必须尊重核心劳工标准和工人权利。

综上所述，经济全球化的发展既带来了对劳动法放松管制的趋势，同时也要求在劳工标准上的加强管制，给劳动法的发展提出了新的挑战。为应对经济全球化发展带来的挑战，各国纷纷采取调整劳工法律政策的做法，而劳动法领域也随之出现了管制还是放松管制的全球性争论。

二、全球化背景下我国劳动法的应对与发展

经济全球化带来的变化和挑战也深深影响着我国劳动关系、劳动法的发展。我国已经深入参与经济全球化的潮流之中。而世界范围内的关于劳动法的管制还是放松管制的争论在我国劳动法的发展中也几乎是同步的。

（一）坚持劳动法的本质，加强劳动者的基本保护

关于劳动法的发展到底是加强管制还是放松管制，首先必须搞清楚劳动法的本质。

从劳动法的发展来看，劳动法是起源于私法（民法），又最终从私法中分离出来成为独立的法律部门。由于雇佣关系从一开始就是一种不平等的关系，劳动者相对雇主而言总会处在弱势地位，合同自由对于劳动者一方来说是难以实现的。为了矫正劳动关系中劳动者的弱势地位，国家开始通过劳动立法来干预劳动关系，保护相对弱势的劳动者。从最早的保护童工、限制工时，到全面制定劳动基准法、实行解雇保护等，劳动法越来越多并最终成为独立的法律部门。可以说，劳动法产生发展的过程就是国家对劳动关系不断干预和强化的过程，因此从劳动法的本质来看，应当加强对劳动者权利的保护。在职业安全、最低工资标准、工资支付、工作时间、社会保险等劳动基准上应当守住底线，保障劳动者最基本的生存权。

由于我国现阶段与劳动基准相关的规定在不同的规章制度和法律法规中呈现散乱的分布状态，甚至还存在一些不明确的劳动标准和违反劳动标准所需承担法律责任的规定，因此，需要对国际劳工标准中的有益部分进行吸收和借鉴，进而制定我国的劳动基准法，以更好地应对全球经济化所带来的挑战。

（二）顺应实践发展的趋势，满足多元化的发展需求

我们必须正视由经济全球化所带来的劳动法放松管制趋势。经过30余年的经济高速增长，我国对经济全球化进程的参与度更加深入，属于我国经济发展的新常态时代已然到来，具体到劳动关系领域，灵活化、多元化的劳动用工方式，以及越来越多的非典型用工（如劳务外包、劳务派遣等）就是最明显的表现。而在大幅度提高劳动者水平和素质的过程中，劳动者对工作环境的重视和对个性发展的追求也越来越清晰。尽管如此，劳动保护的问题依然十分普遍，因此，我们应当对现实和趋势予以重视，并对劳动关系中弹性化、多元化的客观需求保持正确的态度，从而在使劳动关系安全得到进一步保障的同时，坚守底线，使劳动法的管制得到适度放松。

首先，对非典型劳动用工制度（如劳务外包、劳务派遣、部分工时等）的适用方式和范围进行适度放松，基于对基本规范的制定和遵守，尊重企业用工的灵活化和多元化。

其次，构建劳动关系法律制度，凸显社会自治的主体性。确保市场、企业、工会在劳动关系领域充分发挥作用，并在工资、福利和劳动保护水平方面对集体协商谈判发挥推动作用，从而赋予那些在遵循劳动法的基础上而达成的集体协商协议或集体合同以更高的法律地位。

第二节　全球化背景下企业社会责任制度的构建

一、企业承担社会责任的合理性

受到全球化趋势的影响，围绕企业社会责任问题，企业与政府和社会正在达成共识。

首先，在政府的要求下，企业应当积极履行社会职责。尽管政府是社会公共利益的维护者和倡导者，但并不能做到事无巨细，更不可能承担所有的公共职责。所以，就需要企业力所能及地分担政府承担的部分公共职责，也就是为了减轻政府的压力，企业要积极承担相应的社会责任。只有企业积极承担相应的社会责任，政府才能对企业以特定的渠道（如优先考虑企业的商业行为、政府奖励和优惠政策等）进行回报。从企业的角度来看，政府和公众对企业的压力也会相应减轻，从而降低企业的政治风险和经营风险，使其社会公信力和美誉度得到提高。这也有利于在全社会营造一种宽松经营的氛围。

其次，社会期望企业承担社会责任。作为一个社会性组织，企业承载着社会的殷切希望，即通过企业积极承担社会责任，来对企业外部环境进行一定程度上的改善。这是因为企业的发展一定程度上是建立在对社会整体利益和外部环境的牺牲基础之上的，如资源消耗、生态破坏和环境污染等，所以，企业的经营活动必须与社会意愿相一致，不得对社会公共利益有所侵犯和危害。企业的发展与社会环境相互依存，企业的生存在很大程度上受到多种社会力量对其态度的直接影响，企业只有把社会期望作为出发点，并给予适当回应，即主动承担自己的社会责任，才能更好地融入社会、服务社会，从而有效避免企业负的外部性的出现，倘若无法满足这一点，就会对企业正的外部性的出现产生阻力，企业与社会的相互融合也将无从谈起。

最后，企业的发展需要主动承担社会责任。从企业的需求来看，企业对社会责任的主动承担意义深远。这是因为，这一举动有助于企业生存能力的增强、企业发展空间的扩大和生命周期的延长。从短期效益来看，企业对社会责任的主动承担可能会对其当前利益有所侵犯，但却有助于其长远利益的实现。所以，在经济全球化的背景下，为了争取到更优质的生存环境和发展空间，同时确保长期保持良好运营状态和利益最大化的实现，大企业（尤其是那些跨国公司）对社会责任的承担越来越重视。

由于企业社会责任产生了显著的社会效益，人们开始以实际行动表明对企业社会责任广泛支持的态度。实际上，在政府、企业与社会的关系中，企业承担社会责任具有充分合理性。可以说，企业承担社会责任是整个社会对企业的必然要求。

二、全球化下的企业社会责任与传统企业社会责任的区别

历经一个多世纪的发展，尤其是20世纪80年代以来经济全球化的影响，企业社会责任的内涵也得到了进一步丰富，改变了以往的一元社会责任、二元社会责任，实现了多元社会责任的发展。

（一）传统意义上的企业社会责任

政府在自由资本主义时期对企业行为采取的是不干预的态度，这是因为国家经济增长的主要来源是企业利润的增长。基于自身需要，企业可以采用各种手段来实现自身利益的最大化，这一点也是企业最高目标和行为准则的集中体现。在一只无形手的指挥下，越来越多的“经济人”为了获取最大化的个人利益，开始开展对社会有益的活动，而其对个人利益的追求，从某种程度上来讲就会对整体社会利益的实现发挥重要的促进作用。可以说，经济责任集中体现了企业社会责任的唯一内涵，同时这也表明了传统的一元社会责任。

19世纪末到20世纪中期，受到最大化利润目标追求的影响，企业的私人利益与社会公共利益之间的矛盾冲突越来越尖锐，甚至在企业不择手段来获取个人利益的过程中，大规模的外部性问题（也就是企业外部的问题）和不公平竞争现象（如就业歧视、非法交易、恶意竞争、欺诈消费者、产品质量安全问题、环境污染问题等）相继出现，在全社会范围内引起了极大的不满。在这种背景下，以整个社会强制性控制企业的行为为主要内容的要求逐渐演变为整个社会的公共要求。因此，政府开始以相关法律法规来干预和管制企业的自由放任行为，要求企业对个人利益的追求应当在合乎法律规范和不损害公共利益的前提下进行，否则就需要承担相应的法律责任。在这种法律制度和法律责任的约束下，企业实现利润最大化的行为追求就需要接受法律的约束和监管，这也就意味着在对企业的不正当行为进行处理时，消费者、社会和政府可以充分利用和发挥法律武器的作用。法律通过限制企业的某些行为，也对公共利益进行了维护，这充分体现了法律制度的公正性和公平性。从企业的角度来讲，它们也必须遵守法律的相关规定，以捍卫法律的严肃性，实现自身的可持续发展。

（二）全球化下的企业社会责任

进入20世纪60年代，尤其是80年代以来，在经济全球化趋势推动下，市场经

济的经济规则开始向世界各地扩散，由此所导致的直接结果之一便是企业社会职责的相应改变。在迅猛发展的经济全球化带动下，越来越多自带市场垄断属性的跨国公司相继出现，并在全世界开启了其大规模生产转移进程，并通过将资金向发展中国家的投放，实现了基础加工工厂(如原材料制造等)，尤其是污染型、劳动密集型企业向环境和劳动保护标准相对较低国家或地区的转移，从而有效降低企业的生产成本，提高企业的生产效率。跨国公司的出现，一方面极大地促进了东道国的经济发展；另一方面带来了严重的负面影响，如对当地劳工权益的侵犯以及严峻的环境污染形势。

与此同时，经济全球化也带来了一种极端局面，即显著提升了跨国公司的实力，但也带来了急剧增长的失业和贫困人口数量。出于对企业形象和生存环境加以改变的考虑，需要与政府、企业和消费者建立相互帮助、协同并进的关系网。在这个过程中，以跨国公司为首的大型企业一改往日的法律约束态度，不再甘于被动接受的现状，而是开始以一种更加积极的心态来关注社会问题、履行社会责任，甚至将法律作为企业的道德准则来遵守。以投身社区服务、设立公益性广告、参与贫困地区扶贫、捐助慈善事业等行为为例，这充分体现了基于全球化背景而不断变化发展的企业社会责任，已经不单单是众所周知的法律责任、经济责任，而且是向义务责任（慈善责任）、道德责任（伦理责任）方向进行了延伸。站在企业的角度来看，相较于主动承担法律责任和经济责任，它们更应当被定义为道德责任、慈善责任的主动承担者。更进一步地讲，这也标志着企业发展由一元社会责任阶段向多元社会责任阶段过渡的完成。

全球化形势愈演愈烈，社会与企业、政府之间的关系和发展日益紧密，这也从根本上改变了企业社会责任的内涵，完成了传统经济责任向慈善责任、道德责任和法律责任的外延和扩展。作为一种自由经济的承担者，企业需要明确自身的社会主体性以适应新时代的新要求，同时，面对土地、环境和经济危机等各方面的问题，企业、产业和地区的各个领域也要做出积极反应。

三、构建我国企业社会责任制度的措施

（1）基于我国企业独立性的显著增强，带动科学化和规范化企业社会责任制度的完善与优化。首先，在企业定位上，要以“决策机构”替换“咨询议事机构”，从而进一步规范企业社会责任制度的决策程序；其次，变革现行的政府机

关管理制度，以对企业社会责任制度的指导职能来取而代之。同时，基于对企业社会责任制度管理机构内部机构的优化、对各环节员工的科学配置、对间接成本的减少，来实现实施质量显著提升的目标。对内部机构的优化，能够使机构臃肿、人浮于事的现象得到改善，从而达到进一步节约隐性的工资性成本，各个环节人员的配置更加科学，企业社会责任制度的效率显著提高及有效避免重复劳动、重复投入的效果。

（2）进一步明确具体的责任项目，并在必要时进行修改优化。在笔者看来，企业需要预先研究责任项目的可行性，基于此，需要制定高效的、科学的履行责任方案。在条件允许的情况下，可以多制定几个方案，并就社会效益进行比较，从而选择最优方案。特别要说明的是，在方案制定的过程中，要详细地列出成本开支、收支比例控制等内容，在施工过程中，也要就各类成本支出进行多元分析，并以新材料、新设备和新方法的及时应用来实现成本的减少和社会收益的提高。

（3）具体人员责任制的实施。对于企业来讲，其第一责任与应尽义务就在于依据社会要求来回馈社会，以确保企业社会责任制度的实施效果，同时，当企业能够认真履行责任时，企业也会获得市场和口碑，从而奠定企业可持续发展的坚实基础。人是质量的决定因素，而人的工作效率则需要由制度来约束，所以，通过具体人员责任制的实施，并以明确的标准与责任对参与人员的思想意识与工作状态进行规范，支付他们相应的报酬，给予一定的提升空间，可以在很大程度上提升人员的能动性和自觉性。

（4）以利益为中介目标，使企业社会责任的履行积极性得到有效激发。利益和优惠政策在企业对社会责任制度的构建、完善、履行及企业积极性的充分调动方面，具有重要的基础工具作用。与此同时，它还将推动社会、政府和企业三者之间良性互动关系的建立，进而从外部环境上保障企业的可持续发展。

第三节　全球化背景下劳动法的功能拓展与制度调适

一、全球化背景下劳动法的功能定位与拓展

（一）劳动法功能的基本定位

1. 人权的保障

人权会影响到一个人在社会中的生存及活动，人权属于人的基本权利，具体来讲，它涉及人生存、政治、自由、经济、社会及文化等方面的权利，人权能否得到保障是判断一个国家、社会是否发展文明的主要标准。劳动法的产生发展一直都和人权有紧密的关联，人权理论的发展及人权保障运动的出现在一定程度上促进了劳动法的产生。劳动权属于人权的一种，人权的概念范围比劳动权的概念范围要大，在人权所包含的内容中，生存权利是最基本的部分，人想要在社会中生存，就需要解决吃、穿、住、行等问题。劳动法明确指出劳动者应该享有就业权利、安全健康权利、休息权利、获得报酬的权利以及获取社会保险的权利。通过这些方面的规定，人权变得更具体，从这个角度来看，劳动权让人权有了基本保障，劳动法在制定及优化的过程中，应该更注重彰显劳动法在保障人权方面的价值。

2. 保护劳动者的合法权益

劳动法的功能和劳动法的立法目的是吻合的。所以，劳动法的主要功能就是让劳动者的权益得到基本保障。劳动法的合法权益指的是法律所保护的与劳动关系有关的权利，如就业权利、休息权利、报酬取得权利、安全卫生保护权利、享受福利的权利、缴纳社会保险的权利、提出劳动争议的权利等。劳动法的价值取向中最重要的是保护劳动者具有的合法权益，我国的市场经济体系正在逐步完善，在市场经济体制的完善过程中应该有劳动法作为基本保障。现代社会市场中有很多发展较快的企业，这些企业的经济实力雄厚，它们具有一定的劳动优势，而作为企业的雇员也就是实际的劳动者，他们以分散的个体形式参与劳动，劳动

者还需要借助劳动报酬在社会中更好地生存和发展，所以，在这样的情况下，劳动者和企业之间的劳动关系并不均衡，这样的关系很容易导致劳动者在劳动关系中的合法权益受到侵犯。所以，需要法律来保护劳动者的基本权利，需要法律来维护社会正义，所以劳动法必须以劳动者的权益保障作为首要价值取向。

3. 促进社会稳定和发展

劳动法会对劳动关系以及和劳动关系有关的其他关系进行规范处理，劳动法的存在促进了社会的安定，在保证社会稳定方面具有巨大的价值。劳动法是处理劳动关系纠纷的法律规范，它有助于阶级矛盾的解决。

我国国家的本质是社会主义，所以，劳动关系方面的矛盾属于人民内部矛盾，并不是对抗性矛盾。在建设社会主义市场经济的时候，社会中出现了较多的劳动争议，这在一定程度上不利于社会的安定，所以，劳动法应该不断地优化、完善，从而在维护社会安定方面继续发挥重要的作用。在进行优化时，应该让劳动法的价值向保障社会安定的方向倾斜。

我国仍然是发展中国家，所以，我国发展的根本任务是提升生产力，劳动法会对劳动力、劳动对象及劳动资料之间的关系进行调整，劳动力、劳动对象及劳动资料是生产力的主要构成要素，也就是说，劳动法其实在一定程度上为生产力的发展作出了规定。所以，劳动法会直接影响生产力的价值作用方式，除此之外，劳动法还会从经济角度对生产力的价值体现产生作用，劳动法会借助对劳动关系的维护为生产力的更好发展提供保障。劳动法可以在提升生产力方面发挥积极作用，也可以在促进生产力发挥方面产生消极作用，劳动法在进行价值取向确定时应该立足于积极作用的体现，应该为生产力的提升、市场经济的稳定有序提供保障。

分析劳动力市场可以发现，它和普通的商品市场是存在差异的，所以，劳动力市场的规范除靠民法及经济法外，还要靠劳动法，只有运用了劳动法，劳动力商品及劳动力市场才能得到更好的保护。劳动者才能维持和保障自己在市场中应该享有的合法权益。在劳动法的保障下，劳动力市场可以稳定有序地运行，所以，劳动法在确定价值取向时，应该分析如何让价值取向更好地为市场经济的发展提供支持与保障。

（二）劳动法的功能拓展

1. 劳动法应化解劳动力市场与劳动关系的不平衡

随着经济全球化的发展和互联网技术的飞速进步，我国也进行了全新的战略布局。在这样的情况下，劳动法亟须进行功能方面的完善和深化：目前平等就业机会并没有完全在法律方面落实，部分还停留在与就业有关的政策当中；劳动法中并没有形成有关公平就业的完整法律体系；在灵活性就业形势越来越丰富之后，劳动者慢慢地分成了不同的层次，在这样的情况下，需要构建出和传统就业者有差别、和自雇就业者有差异的权利保障模式；除此之外，集体协商也没有完全在法律方面得到真正的确定，集体在解决劳动关系的时候依然借助政策规定作为标准；与此同时，劳动法在国际化发展方面、现代化发展方面都存在不充分的现象。

分析当下劳动关系中的矛盾可以发现，其体现在三个方面：首先，矛盾体现在劳动力市场方面，我国内部的劳动力市场比外部的劳动力市场要僵硬，这导致内部市场和外部市场存在转换不流畅的问题，市场也没有构建出人力资源优化机制；其次，用人单位方面存在矛盾，不同的企业、单位、有限公司、责任公司存在规模以及责任能力方面的差异，社会团体、民办企业单位、事业单位以及国家机关在规模方面也存在不同，但是，劳动法并没有进行区别对待，也就是说个体经济组织和大型企业使用的是完全相同的时间基准以及结构标准；最后，存在同工不同酬的现象，这一现象主要出现在公共就业机构中，这一现象产生的本质原因是编制身份、体制身份，它们的存在造成了工作性质的不平等，这一问题目前没有得到较好的解决。

2. 劳动法应构建和谐劳动关系

劳动法致力于构建出的和谐劳动关系指的是相对和谐、区别化的和而不同。劳动法为了构建出和谐的劳动关系，创建了一系列的制度，如劳动关系契约化、集体协商机制及三方机制，这些机制的出现有助于劳动纠纷的解决。

《中共中央国务院关于构建和谐劳动关系的意见》（以下简称意见）为劳动关系的法治建设提出了更高的要求，赋予了当代中国劳动关系更高的内涵。第一，意见提出了构建和谐劳动关系的紧迫性，劳动关系矛盾进入凸显期和多发期；第二，构建和谐劳动关系，要以促进企业发展，维护职工权益为主要内容，共享共建；第三，构建党委领导、政府负责、社会协同、企业和职工参与、法治保障的工作体制，首次将党的组织纳入劳动关系协调和处理的政策制度框架内，赋予了中国劳动关系主体的新内涵；第四，要以人为本，解决职工最关心、最直接、最现实的利益问题；第五，重视法律机制，包括协调机制、民主管理机制和纠纷解决机制，创新工作方法。

在认识劳动法作用时，我们所认识到的劳动关系协调作用、促进经济持续发展作用、稳定社会的作用等都没有办法展示出独属于我国劳动法的和谐劳动这一特色。我国在进行劳动关系的建设时，充分地把以人民为中心的政治理念融入了和谐劳动关系的建设中，致力于构建出可以让企业发展得到有效促进、让劳动者权益得到充分保障的和谐劳动关系，真正实现劳资利益的一致。

社会主义核心价值观要求个体应该遵循诚实守信的基本道德准则，和谐劳动关系的构建需要以诚实守信作为前提，诚实守信有助于劳动契约关系的缔结，也有助于劳动契约关系的维持、解除。

劳动契约属于劳动关系确立的一种协议，具有非常鲜明的人身属性：首先，人格从属性，劳动关系必须建立在尊重劳动者人格的基础上，与此同时，还要科学地进行适当的劳动力支配，也就是劳动价值观必须以人为本；其次，劳动关系需要在互利互信的基础上，坚持诚实守信，保证劳动契约更好地维持、运行。因为在劳动关系中起主导作用及控制作用的是用人单位，所以，法律在设置诚信义务规定的时候会更加关注用人单位是否诚实守信，也就是说诚实守信原则要求用人单位有更高的信用度。

但是，在经济快速发展、社会条件出现变化的情况下，社会中出现了分散性劳动及远程劳动，这让劳动的从属性有所降低，所以，要重新思考劳动关系中的诚实守信原则。当今社会在强调工匠精神的同时也要注重强调工匠要遵循诚实守信的原则，分析我国的劳动法可以发现，其对雇员的诚实守信义务并没有做出过多的规定。

2018年5月，中共中央印发《社会主义核心价值观融入法治建设立法修法规划》（以下简称规划），提出力争5年到10年时间，推动社会主义核心价值观全面融入中国特色社会主义法律体系。规划的第四项任务要求着眼于人民最关心、最直接、最现实的利益问题，加快完善民生法律制度。该规划的发布，为诚信原则具体化、为劳资双方法定义务特别是劳动者法定义务提供了契机。

3. 劳动法应具有人力资源开发功能

2018年，我国宪法中加入了与新发展理念有关的内容，新发展理念主要包括创新理念、协调理念、绿色理念、开放理念及共享理念。其中，创新发展理念是最重要的，能够为社会发展提供动力。

对于创新型国家的建设来讲，劳动法有至关重要的作用，劳动法可以提升劳动者的素质水平，激发劳动者的劳动积极性，推进薪酬和职业选拔制度在企业中的应用，完善职业培训法律机制。

我国的职业培训制度是以就业为基本导向的，这样的导向可以降低社会的失业率，但是，在劳动力供给和需求状况发生变化之后，在互联网经济逐渐崛起之后，这种职业培训制度显现了一定的不足。主要体现在以下几个方面：首先，传统行业没有达到大的发展规模，这导致劳动力剩余，而且在农民工传统行业上岗培训之后，这种劳动力的剩余更加明显，所以，没有办法真正促进就业；其次，职业培训没有满足新业态的发展需要，而且就业政策也没有对新业态模式下的就业进行引导；再次，企业没有专门针对人力资源开发进行长期规划，所有的上岗及转岗方面的培训基本都是短期培训；最后，国家并没有制定终身教育法律体系，国家没有明确企业社会组织劳动者具有的权利和义务，尤其是专业教育和职业取向之间没有进行合理的衔接。

二、全球化背景下我国劳动法制度运用与调试

（一）全球化背景下我国劳动法制度运用分析

1. 将“企业社会责任”写入劳动法总则

首先，将企业社会责任理论引入劳动法学，不仅会促进劳动法学理论研究的进步，也将指导劳动法制实践的改革；其次，将企业社会责任理论引入劳动法学，落实到立法内容上，就是将“企业社会责任”写入劳动法的总则。

2. 提高企业对劳动者社会责任的劳动标准

企业在承担自身对劳动者的社会责任时，需要执行劳动标准，国际上非常注重企业的社会责任，并且开始对企业的社会责任进行量化衡量。

国际上有很多针对社会责任而制定的标准条例，主要包括以下三个类别：首先，政府和政府间组织的标准，主要涉及国际劳工组织相关的公约；其次，非政府组织制定的民间标准，如道德贸易行动准则、联合国全球契约准则；最后，跨国公司为自己制定的供应链行为准则。

在众多企业社会责任标准中，SA 8000（社会责任标准）是其中最有名的标准之一。SA 8000是由原美国经济优先权认可机构委员会（CEPAA）于1997年8月制定的国际标准，2001年11月，社会责任国际（SAI）又发布了SA 8000标准的2001年修订版，这是全球第一个社会责任的认证标准并可用于第三方认证机构审核。SA 8000是根据国际标准制定的，主要内容包括禁止使用童工、禁止强迫劳动、劳动安全卫生、禁止歧视等方面。

3. 建立企业对劳动者社会责任的诉讼制度

企业对社会责任的承担需要企业首先严格要求自身，其次借助外部力量让企业承担社会责任，如诉讼，诉讼制度的出现可以让劳动争议得到公平解决。

劳动公益诉讼制度指的是让企业承担对劳动者的社会责任，以此来处理劳动争议的一种诉讼制度，劳动公益诉讼属于公益诉讼的范围。

（二）全球化背景下我国劳动法制度的调适

劳动法的制度完善是一项巨大工程，本节仅限于对劳动法功能拓展的相关制度调适做抛砖引玉。

1. 劳动法调整模式和权利保障的精准化

获得法律授权的相关主体可以按照法律中的条文规定向法院起诉违反劳动法规定的用人单位或损害劳动者权益的用人单位，法院会根据法律规定依法追究相关用人单位的责任。

从整体角度分析可以发现，劳动法是针对标准劳动关系而设置的调整法，这里提到的标准指的是劳动契约权利和义务必须是统一的劳动关系，必须符合标准模式，这样的劳动法在制度协同方面明显是不足的，它能够对标准劳动者权益进行保护，但是对于非标准劳动者权益的保护明显不足。劳动法想要满足当下时代发展的需求，就需要展开制度调适。

第一，利用互联网进行远程劳动的劳动形式越来越多，这让劳动关系的界定变得更加困难。分析目前与互联网有关的劳动纠纷解决方案可以发现，判定劳动关系时使用的是控制性标准、从属性原理及组织性标准，在此基础上还考虑了新经济的促进及保护。分析目前的互联网产业可以发现，其经济从属性较强，人格从属性及组织存储形式相对较弱。劳动法应该基于保护人权的目的，对这种标准劳动和劳务关系之间的劳动进行区别化的保护。分析人的基本权利可以发现，劳动者具有生存权利、人格尊严权利、平等权利及与劳动有关的权利，这样的权利是所有劳动者都应该具有的，它应该得到法律的保护。除此之外，其他的权利保护应该视劳动者的类型而确定，在此基础上展开区别化的处理，我国可以借鉴德国法律使用的“类雇员”规定。

第二，应该根据内部劳动力市场和外部劳动力市场之间的转化对非标准劳动关系进行深化改革。劳务派遣或非全日制劳动都属于补充性用工，它们是外部劳动力市场中的主要用工形式，这几种工作方式和灵活就业方式共同推动了外部劳动力市场的灵活发展、流动发展。但是，如果外部劳动力市场有较高的灵活性或较大的流动程度，那么就业就会变得不稳定，所以，需要进行内部和外部劳动力市场的转化，以此来调节内外部市场中劳动者的比重，与此同时，也要注重让内部劳动力市场显现出更高的灵活性，只有内部市场劳动力数量的绝对值大于外部，劳动关系才能达到平衡状态。

劳务派遣的方式或非全日制的用工方式，利用非标准用工将劳动者的身份固定了下来，这导致劳动者不能通过自身的努力变成正式工或合同制职工。

如果想对非标准劳动关系进行完善，那么针对两种不同的类型可以使用不同的完善路径。首先，劳务派遣如果超过了派遣期限之后还要继续用工，或者在主业岗位使用了劳务派遣形式的劳动者，又或者可替代性岗位的劳务派遣工作者超过了期限，那么劳务派遣工作者不能被退回，而是应该直接和用工单位签订劳动合同。如果劳动合同是无效的，那么应该把劳务派遣看成用工单位和劳动者之间形成的一种合同关系，这样的处理是为了对逆向派遣以及指名派遣进行严格规范。其次，非全日制用工，对于这种劳动形式要做的就是明确全日制用工和非全日制用工之间的界限，当下使用的利用工作时间去界定非全日制用工的方式不严谨，也不规范。

根据我国当前的劳动力市场情况来看，企业内部劳动力市场并没有形成灵活的全日制劳动者和非全日制劳动者之间的转换制度，这在一定程度上不利于劳动力市场进行有效积极的良性互动。

2. 完善诚实信用、民主决策、共建共治共享的劳动关系

劳动合同法中明确指出劳动关系的构建应该以诚实守信作为基本前提，与此同时，劳动合同必须明确说明相关义务，不能在合同中体现出保密义务，不能禁止工作人员的人事档案转移、社保档案转移，也不能设置竞业限制。但是，劳动合同法并没有对劳动者要遵循的义务进行规定，比如，劳动者不能发表有害企业形象的言论，这样的规定在劳动合同法中是没有的。而且我国劳动合同并没有明确设置合同期限，所以，劳资双方大部分都认为合同是无限期的，而且固定期限和无固定期限的合同的结构条件是完全相同的，在这样的情况下，出现了很多跳槽现象及员工被随意解雇的现象。这显现的信息是合同重信明显缺失，所以，劳动合同法应该针对固定期限合同设置更多的规范，让固定期限和无固定期限合同有所区分，如可以在固定期限合同中设置违约金。

分析未来互联网的发展可以发现，互联网行业将会创造出更多的远程劳动关系，在这样的关系下，劳动关系的维持及运行会面临诚实信用方面的挑战，为了保障劳动关系的稳定运行，应该在合同签署过程中使用违约金制度。除此之外，应该提倡劳动规章制度伦理化发展，用人单位会参照法律中的要求制定企业内部的规章制度，以此来约束员工劳动。但是，企业在设置内部规章制度时有一些制度条例并不符合诚信原则的要求，也违背了公序良俗，我国目前还没有形成有效的判断规章制度是否诚信、是否符合公序良俗的体系，所以在完善劳动法的时候应该在劳动法中要求企业构建出符合职业伦理要求的规章制度。

职工民主管理充分融合了民主理念和集体劳动关系，公共就业机构在管理方面的主要特色是职工民主管理，分析目前的职工民主管理机制可以发现，它是根据地方性法规建立起来的，国家并没有进行统一立法，而且不同地区职工民主代表大会适用的制度也是有差异的，最近几年出现的劳资纠纷大多是因为信息沟通不畅，没有进行有效的民主管理。所以，职工民主管理应该进一步确定劳动时间、带薪休假及辅助性工作岗位等方面的标准。

和谐劳动关系是为了实现共建共治共享，在劳动合同关系中想要实现主体权利，需要义务主体履行自己的义务，与此同时，权利主体也要配合义务主体。

在共建共治中建设和治理需要听取职工的想法和意见，为劳资之间的交流沟通设置更多的交流机制，这样职工才能以主人公的身份参与共建和共治。

劳动法在拓展功能时应该将党组织及其他劳动关系组织放置在劳动法律关系中，尤其是应该设置在集体劳动关系中。党组织及其他劳动关系组织需要承担权利和义务，人人都应该积极参与共建共治，积极进行创造。

对劳动法进行优化和完善的时候，应该在其中加入诚实守信理念、共建共享理念、民主决策理念，这样劳动法才能体现出中国特色。

3. 面向当代与未来的职业能力开发立法

知识在快速更新的情况下，科技也必然会快速发展，所以，社会要求工作者有更高的职业能力，这一点在21世纪刚刚到来时就鲜明地体现了出来。在进行职业能力开发的过程中，要注重人的发展和经济发展之间的和谐统一，也就是说劳动者获得的职业能力应该符合当下的经济发展需要，应该促进当下的经济发展。在互联网经济出现之后，新业态的用工形式让劳动有了更强的自主性和独立性，劳动管理也开始趋于扁平式管理，这时的职业培训、职业能力提升都需要进行创新。

针对职业教育职业能力开发及职业培训等方面的发展，需要从以下几个方面进行立法方面的完善。

首先，应该对职业教育法进行修改，除了继续注重职业培训之外，也要强调职业学校教育，要做到职业学校教育和职业培训之间的协同发展，并且为二者的协同发展制定协同条例。

其次，制定出适合我国的职业学校教育法、职业培训法，使行政管理体系和行政职能之间相统一。

最后，以当前的职业教育法作为前提，明确职业培训群的内容，明确劳动者的职业培训义务。除此之外，也要根据目前的发展需要制定人力资源开发法，从人力资源战略角度出发统领以上几个法律的发展。

结束语

目前，传统法学教育在较大程度上得到改观，法学教育界对理论教学与实践教学之间的关系问题已经取得了基本一致的看法，即培养高素质的法律专业人才，理论教学与实践教学是并行不悖的，二者相辅相成，同等重要，均是法学教育不可分割的环节。理论教学与实践教学作为法学教育的两大基本形式，互补、互融和互益，任何一方的减损都会直接影响另一方的教学效果。

一方面，理论教学指导实践教学。理论教学让学生理解和掌握法律关系、法律规则和法律制度，以及在规则和制度背后的法律意识、法律价值和法律精神，这些为实践教学的顺利开展明确了方向。另一方面，实践教学是对理论教学的落实和深化。实践教学在培养学生的实践能力和职业道德的同时，也巩固了学生所学的法学专业知识，提升了法学理论水平。

基于此，本书提倡构建理论教学与实践教学一体化，并突出实践的前沿性与创新性，以提升法学教育课程的教学品质。

参考文献

一、著作类

[1] 陈大文．行政法概论[M]．上海：复旦大学出版社，2006．

[2] 戴小俊．现代法学理论与实践研究[M]．长春：吉林人民出版社，2020．

[3] 郭晓岚．法学理论与实践问题研究[M]．汕头：汕头大学出版社，2019．

[4] 刘新华．法律援助指南[M]．北京：北京燕山出版社，2012．

[5] 吕世伦．理论法学课堂[M]．哈尔滨：黑龙江美术出版社，2018．

[6] 漆国生，左传卫．法学概论[M]．武汉：武汉大学出版社，2017．

[7] 秦涛．民事诉讼法实务教程[M]．上海：华东理工大学出版社，2018．

[8] 孙利．行政法与行政诉讼法[M]．北京：对外经济贸易大学出版社，2018．

[9] 吴明童．仲裁法学[M]．西安：陕西人民出版社，2005．

[10] 席书旗，谢林刚．法学概论[M]．济南：山东人民出版社，2018．

[11] 严军兴．中国法律援助制度学习读本[M]．北京：中共党史出版社，2004．

[12] 张舫，曹兴权．商法[M]．武汉：武汉大学出版社，2011．

[13] 赵晓耕．中国法律思想史[M]．北京：北京交通大学出版社，2014．

[14] 周登谅．刑事诉讼法[M]．上海：华东理工大学出版社，2014．

[15] 周洪钧．国际法[M]．北京：中国政法大学出版社，2007．

[16] 赵秉志，贾宇，李希慧，等．刑法总论[M]．北京：中国人民大学出版社，2016：3．

二、期刊类

[1] 李林．依法治国与推进国家治理现代化[J]．法学研究，2014，36（05）：3-17．

[2] 李旭东．论规范逻辑进程中的法律概念[J]．哈尔滨工业大学学报（社会科学版），2021，23（04）：52.
[3] 刘金玲．经济全球化与我国企业社会责任制度的构建[J]．中国电子商务，2013（7）.
[4] 刘伟．中西方法律思想之比较[J]．今日中国论坛，2013（12）.
[5] 沈四宝，程华儿．经济全球化与我国企业社会责任制度的构建[J]．法学杂志，2008（3）.
[6] 宋宜航．经济全球化对劳动关系的挑战及我国劳动法的应对[J]．工会信息，2017（17）.
[7] 孙文恺，李卫东．对中国法律援助制度之“政府责任”的反思[J]．学习与探索，2009（4）：99.
[8] 吴宏耀，赵常成．法律援助的管理体制[J]．国家检察官学院学报，2018，26（04）：32-50，172.
[9] 项焱，王佳红．法律援助与发展权：逻辑、历史与现实的互洽[J]．甘肃政法学院学报，2017（5）：97.
[10] 谢德成．新时代劳动法的功能拓展与制度调适[J]．中国社会科学文摘，2020（1）.
[11] 谢明．我国法律援助制度初探[J]．江西社会科学，2004（3）：126-129.
[12] 熊丙万．中国民法学的效率意识[J]．中国法学，2018（05）：82-101.
[13] 熊琦．知识产权法与民法的体系定位[J]．武汉大学学报（哲学社会科学版），2019，72（02）：128-138.
[14] 熊英．法律援助与社会和谐[J]．新视野，2007（3）：58-60.
[15] 许中缘，颜克云．商法的独特性与民法典总则编纂[J]．中国社会科学，2016（12）：127-145，207.
[16] 于珂．略论法律科学中的人文精神[J]．戏剧之家，2020（16）.
[17] 张本上．提升法律援助服务质量的实践与思考[J]．法治论坛，2021（2）.
[18] 张国超．浅析西方法律思想的前进与发展[J]．金田，2013（6）.
[19] 张文显．新时代全面依法治国的思想、方略和实践[J]．中国法学，2017（06）：5-28.
[20] 赵红梅．经济法的私人实施与社会实施[J]．中国法学，2014（01）：

177–195.
[21] 郑晓剑. 比例原则在民法上的适用及展开[J]. 中国法学，2016（02）：143–165.
[22] 郑彧. 民法逻辑、商法思维与法律适用[J]. 法学评论，2018，36（04）：82–93.
[23] 周光权. 积极刑法立法观在中国的确立[J]. 法学研究，2016，38（04）：23–40.
[24] 周光权. 刑法解释方法位阶性的质疑[J]. 法学研究，2014，36（05）：159–174.
[25] 周光权. 转型时期刑法立法的思路与方法[J]. 中国社会科学，2016（03）：123–146+207.
[26] 朱桉成. 早期国家的强制力与法律运行模式——以古代冰岛共和国“资格刑”为研究对象[J]. 哈尔滨工业大学学报（社会科学版），2020，22（05）：44.